모노가타리는
어떻게 읽혔을까

모들아카데미05

모노가타리는 ものがたり
어떻게 읽혔을까

기타무라 기긴 외 지음
김병숙 배관문 이미령 편역

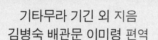

작품해설

　이 책은 일본 중세에서 근세에 걸쳐 널리 읽혔던 대표적인 모노가타리(物語) 비평을 골라 우리말로 옮긴 것이다. 시기적으로 보면 제1부는 중세, 제2부는 근세 초기에 성립한 것들이나, 대부분 에도 막부 말기까지 더 나아가 20세기 초에 이르기까지 향수되었다. 그 형태나 내용으로 보면, 전통적인 주석에 자신의 생각을 덧붙인 것도 있고 모노가타리를 애독하는 독자의 입장에서 작중인물에 대한 감상이나 평을 자유롭게 쓴 것도 있다.

　또한 불자 혹은 유자의 입장에서 모노가타리의 대의(大意)에 대해 논한 것도 있다. 이러한 평론은 모노가타리 전반을 대상으로 한 것도 있지만, 『겐지 모노가타리(源氏物語)』에 대한 주석과 평론이 압도적으로 많다. 넓은 의미로는 모두 오늘날의 문학 비평에 속한다고 할 수 있겠다. 이 책에 엮은 몇몇의 비평만 보더라도 역사상 모노가타리가 얼마나 다각적인 관점에서 읽히고 논해졌는가를 충분히 짐작할 수 있을 것이다. 아래에 각각의 작품에 대한 간단한 해설을 붙인다.

무묘조시

최초의 모노가타리 비평

『무묘조시(無名草子)』는 13세기 초에 성립한 작자 미상의 모노가타리 평론서로, 일본 산문문학에 대한 문예비평으로는 가장 오래된 작품이다.

일본에서 모노가타리라는 장르가 정확히 언제 성립했는지는 분명하지 않으나, 10세기 이래 수많은 모노가타리가 제작되고 향수되었다. 모노가타리의 제작과 향수에 있어 주목해야 할 계층이 '뇨보(女房)'라 불리는 귀족 사회의 여성들이었다. 이들은 궁정이나 귀족의 저택에서 전용 방을 따로 가질 만큼 신분이 높은 피고용인으로, 유모나 가정교사와 같은 역할도 수행하였다. 천황의 공적인 궁녀와는 별개로, 후궁이나 황후가 입궁할 때 붙여서 들이는 경우가 많았다. 이들은 뛰어난 학문적 소양을 바탕으로 히라가나를 사용한 모노가타리나 수필, 일기 등을 많이 창작하여 왕조문학을 꽃피웠다. 『무묘조시』의 작자와 작중에서 모노가타리를 논하는 화자들 역시 모두 뇨보 출신이다.

일본 고전문학사에서 운문을 대표하는 와카(和歌)는 그 역사가 장구할 뿐만 아니라, 일찍부터 그 자체를 연구의 대상으로 삼아 다수의 가론서(歌論書) 내지 가학서(歌學書)가 존재한다. 전문 가인이 아니더라도 귀족들은 당연히 와카를 짓고, 동시에 와카를 듣는 청자의 역할도 겸하였다. 그리고 그들이 가단을 형성하여 때때마다 빈번하게 와카 경합을 벌이면서, 와카의 좋고 나쁨을 판정하기 위한 일종의 비평은 점점 더 구체적이고 권위적인 것으로 발전하였다.

그에 비해 모노가타리는 독립된 문학작품이라기보다는 그저 아녀자들의 읽을거리며 유희거리로 취급되기 일쑤였다. 와카를 둘러싼 평론이 상당히 활발하게 이루어지는 시기에도 모노가타리는 거의 비평의 대상이 되지 못하였다. 와카와 달리 모노가타리의 경우는 극히 일부의 작자와 대다수의 순수한 독자로 분명히 구별되었다. 독자는 모노가타리를 읽으면서 비판정신을 발휘하기보다는 작품세계에 빠져들어 오롯이 향수하는 것이 일반적이었다.

모노가타리를 본격적인 연구의 대상으로 삼은 것은 대략 12세기 이후의 일이라고 여겨진다. 처음에는 매우 간략한 형태의 주석과 같은 것이었다. 『겐지 모노가타리』의 초기 주석서로 알려진 『겐지 샤쿠(源氏釋)』도 본문의 출전 등을 제시하는 것이 주된 목적이었던 것으로 추정된다. 모노가타리가 연구의 대상이 된 것은 사실 모노가타리를 위한 것이 아니라 와카를 위한 것이었다. 이러한 태도는 후지와라노 슌제이(藤原俊成)의 "겐지 모노가타리를 읽지 않은 가인은 유감이다"라는 말에서 단적으로 드러난다. 즉 와카를 잘 읊기 위해 모노가타리에 관심을 갖기 시작했다고 할 수 있다.

이러한 시대적 상황에서 『무묘조시』는 단지 가인의 입장이 아니라 모노가타리의 주요 독자인 여성의 입장에서 접근하여 모노가타리 자체에 대해 구체적으로 논의한 현전하는 유일의 모노가타리 평론서이다.

성립시기와 작자

『무묘조시』의 성립시기는 대략 1196년에서 1202년 사이, 좀 더 한정하여 1200년 7월경부터 1201년 11월경으로 추정하기도 한다. 이러한 논의는 모두 『무묘조시』 안의 내용에 따른 내부증명에 의한다. 특히 본문 중에 '겐큐(建久) 7년'(1196)이라는 연호가 보이는데, 이에 『겐큐 모노가타리(建久物語)』라는 이름으로도 종종 불린다.

현재 작자로 가장 유력한 이는 슌제이쿄노무스메(俊成卿女)라 불리는 인물이다. 이 역시 본문 기술에 따른 추측으로, 철저하게 여성의 입장에서 쓰였다는 점과 후지와라노 슌제이(藤原俊成) 가문에서 모노가타리와 가집에 대한 기탄없는 의견을 개진할 수 있는 인물이라는 점에 근거한 것이다. 본문에서는 후지와라노 슌제이를 '산미 뉴도(三位入道)', '겐닌(建仁) 2년'(1202)에 중장(中將)으로 승진한 후지와라노 데이카(藤原定家)를 '데이카 소장(定家少將)'이라 부르고 있다. 또한 칙찬집(勅撰集) 가운데 『센자이와카슈(千載和歌集)』(1188)까지는 등장하지만, 데이카가 편찬에 관여한 『신코킨와카슈(新古今和歌集)』

(1205)의 이름은 아직 보이지 않는다.

　그런데 슌제이쿄노무스메라 전해지는 인물은 후지와라노 슌제이의 딸인 하치조인산조(八條院三條)의 딸이다. 즉 실제로는 슌제이의 손녀에 해당한다. 그녀의 본명이나 생몰년도는 확실치 않으나, 부친 후지와라노 모리요리(藤原盛賴)가 실직하면서 어린 시절 외조부의 집에서 자랐던 것으로 보인다. 그리고 슌제이의 양녀가 되었다. 20세쯤 당시 권문세가 미나모토노 미치토모(源通具)와 결혼했으나 그 생활은 불우하고 길지 못하였다. 하지만 30세가 넘어 고토바 상황(後鳥羽院)의 뇨보로 출사하면서, 고토바 상황의 가단에서 눈부시게 활약하여 시대를 대표하는 여류 가인으로 남게 되었다. 『신코킨와카슈』 이하의 가집에 수록된 그녀의 와카는 116수에 달하며, 개인 가집(歌集)으로『슌제이쿄노무스메슈(俊成卿女集)』도 있다. 만년에는 출가하여 고시베 젠니(越部禪尼), 사가 젠니(嵯峨禪尼) 등으로 불렸다. 이러한 배경에서 그녀는『무묘조시』의 작자로서도 가장 개연성이 높은 인물로 거론되는 것이다.

구성과 내용

『무묘조시』는 대체로 아래와 같이 4부로 구성되어 있다.

① 서문 ② 모노가타리 비평 ③ 가집 비평 ④ 여성 비평

작품 전체의 설정은 서문에 제시되어 있다. 교토(京都) 히가시야

마(東山)에 있는 사이쇼코인(最勝光院)에 참배하러 온 83세의 비구니가 그날 밤 우연히 발견한 어느 집에 들어갔다가 거기에 있던 뇨보들과 이야기를 나누게 된다. 비구니는 자신이 젊었을 때 고카몬인(皇嘉門院)의 어머니를 모셨던 사람이라고 소개한다. 그리고 법화경독경을 한 후에 몇몇 뇨보들이 남아서 밤을 지새우며 이런저런 화제로 이야기하는 것을 흥미롭게 듣는다. 즉 화자는 뇨보들이고, 기록자로 늙은 비구니가 등장하는 구도이다. 이러한 형식은 기본적으로『오카가미(大鏡)』,『미즈카가미(水鏡)』등의 역사 모노가타리나 불교설화집『호부쓰슈(寶物集)』에도 보인다.『무묘조시』의 체재 역시 그 연장선상에 있는 것인데, 무엇보다 여러 의견이 자연스럽게 교차하도록 한다는 점에서 비평에 매우 적합한 서술방식이라 하겠다.

이야기의 발단은 달, 글, 꿈, 눈물과 같이 정취 있는 것에 대한 단상에서 시작되어 아미타불, 법화경으로 화제가 계속 이어진다. 거기서『겐지 모노가타리』의 작자인 무라사키시키부(紫式部)가 법화경을 읽었는지 아닌지에 대한 논의를 계기로, 이하 본격적인 모노가타리 비평이 전개된다. 비평의 가장 중심에 있는 것은 물론『겐지 모노가타리』이지만, 그 다음으로는『사고로모 모노가타리(狹衣物語)』,『요루노 네자메(夜の寢覺)』,『미쓰노 하마마쓰(みつの濱松)』가 꽤 자세하게 다루어진다. 이들 모노가타리를 평할 때 주로 이야기되는 것은 등장인물과 인상적인 장면, 문체, 와카에 관한 것들이다. 그것을 긍정적으로 말할 때는 대개 '정취 있다', '멋지다', '볼 만하다', '고상하다', 반대로 부정적으로 말할 때는 '얄밉다', '불쾌하다', '거북하다' 등의 용어가 많이 쓰인다. 또한 모노가타리가 허구의 이야기라는 사실을 인지하면서도 지나치게 비현실적인 점에 대해서는 심하게 거부반응을 보이는 것도 『무묘조시』의 특징이다. 예를 들어 『사고로모 모노가타리』에서 피리 소리에 탄복하여 천인이 하늘에서 내려왔다거나 사고로모 대장이 결국 천황이 된다는 내용, 『도리카에바야(とりかえばや)』에서 여자 중납언이 죽었다가 다시 살아나는 것이나 거울을 보고 모든 일을 알게 되는 장면 등, 현실과 동떨어진 부분을 작품의 큰 결점으로 지적한다.

그러나 생각해보면, 초기 모노가타리인 『다케토리 모노가타리(竹取物語)』에서는 대나무 속에서 태어난 아가씨가 달나라로 돌아가고, 『우쓰호 모노가타리(宇津保物語)』에서는 당나라에 가던 도중 표류한 주인공이 신비한 거문고를 전수 받고 일본에 돌아와 4대에 걸쳐 집안이 번영했다는 등 황당무계한 면이 보인다. 본래 모노가타리란 예로부터 전해져온 여러 전승을 각색하여 성립한 것이므로, 전기적(傳奇的)이고 공상적인 요소는 기본 성격이라고 볼 수 있다. 그것이 『겐지 모노가타리』에서는 설령 있을 수 없는 일이라도 정말 그럴듯하게 묘사되어 읽는 이가 자연스럽게 몰입하고 공감하도록 한다. 이후의 모노가타리는 『겐지 모노가타리』의 영향을 강하게 받아 더욱 그럴싸한 이야기를 추구하는 부류와, 반대로 오히려 초자연적인 이야기를 내세워 이목을 끄는 부류로 나뉜다. 이는 후기 모노가타리를 설명하는 두 갈래의 경향이기도 하다. 다만 『겐지 모노가타리』에 심취하여 그것을 최고로 평가하는 『무묘조시』의 작자로서는 비현실성을 인정하지 않았던 것이리라 여겨진다.

한편 모노가타리 비평에서도 등장인물이 읊는 와카의 좋고 나쁨은 작품의 가치를 좌우하는 대단히 중요한 항목이었다. 작자의 와카에 대한 관심은 각별했을 것으로 보인다. 그에 비하면 뒤에 이어지는 가집 비평은 『무묘조시』 전체로 볼 때 그리 비중 있게 다루어지지 않는다. 작자는 『만요슈(萬葉集)』 이하 『센자이와카슈』까지를 이른바 팔대집(八代集)이라 부르며 차례로 언급하고, 그 외 각종 사찬집(私撰集) 등에 대해서도 거론하지만, 양적으로나 질적으로나 빈약한 편이다. 가집 비평 끝에 내린 결론이란 여자는 찬집에 한 번도 관여한 적이 없다는 한탄이다. 그럼에도 불구하고 반드시 찬집의 편자만 훌륭한 것은 아니다, 모노가타리를 쓴 것은 거의 여자이다, 따라서 여자가 쓸모없는 존재라고는 생각하지 않는다고 말한다. 이에 다음 화제는 여성론으로 연결되는 것이다.

여성 비평 부분에서는 무라사키시키부, 세이쇼나곤(淸少納言), 이즈미시키부(和泉式部), 고시키부노나이시(小式部內侍), 야마토노센지(大和宣旨), 고지주(小侍從) 등의 유명 가인들도 물론 언급하지만, 작

자가 특히 찬탄하는 것은 이세의 미야스도코로(伊勢の御息所), 대재원(大齋院), 중궁 데이시(定子), 오노의 황태후(小野の皇太后)라는 네 명의 여성이다. 다시 말해 가인뿐만 아니라 비파의 명수도 있고, 그런가 하면 마음 씀씀이며 행동거지며 삶의 방식 자체가 찬미되는 경우도 있다. 결국 이들 여성은 당시 여자가 여자로서 어떻게 살까를 생각할 때 하나의 이상형으로 제시되고 있는 것이다. 그녀들의 선택 기준을 보면 오늘날 우리의 인생관이나 문학사적 상식과는 다소 거리가 먼 폭넓은 시점을 새삼 확인할 수 있다.

마지막으로 작자는 남성 비평을 시작하려는 듯하다가, 그것은 역사물과 같은 부류에 맡기겠다고 하면서 도중에 붓을 내려놓는다. 이러한 끝맺음은 물리적인 결락이나 미완이 아니라 애초에 작자가 남성 비평에는 관심이 없었던 것으로 판단된다. 거듭 말하듯이 『무묘조시』는 시종일관 여성의 시점에서 모노가타리와 여성에 대해 말하는 평론이기 때문이다.

자료적 가치

『무묘조시』 안에서 비평의 대상이 되는 모노가타리 작품은 옛 모노가타리부터 당대에 창작된 최근 모노가타리까지 총 28편에 이른다. 그중 『요루노 네자메』나 『미쓰노 하마마쓰』 같은 경우는 현전하는 작품이 완본이 아니기 때문에, 원래의 모습을 상상하고 복원

하는 데 『무묘조시』가 중요한 근거자료가 된다. 게다가 『다마모(玉藻)』, 『가쿠레미노(隱れ蓑)』 등의 19편은 현재 이름만 전하는 미상의 작품들이다. 이러한 산일(散佚) 모노가타리 작품군의 실체를 파악하는 데 『무묘조시』는 매우 유효한 수단이 된다.

사실 현전하는 모노가타리 작품은 23편 정도에 불과하며, 대부분의 작품이 산실되어 본문이 남아 있지 않다. 산일된 모노가타리는 그 나름의 이유가 있거나 혹은 그다지 중시된 작품이 아니었을 가능성도 있으리라. 하지만 사본 문화의 시대는 같은 서적이 대량으로 제작 유통되는 현대의 출판문화와는 사정이 전혀 달랐던 만큼, 산일되는 것과 작품성의 관계를 직접적으로 설명하기는 어렵다. 다만 이와 같은 사정 때문에 기존의 선행연구는 『무묘조시』의 자료적 가치에만 주목하는 경향이 있었던 것도 사실이다. 『무묘조시』는 중세 초기 단계에 중고문학의 향수사를 엿볼 수 있는 귀중한 작품이기도 하다.

현대적 의의

『무묘조시』는 여성이 이야기하고 여성이 기록하는 형태를 취한다. 그리고 여성을 위한 모노가타리에 대해 논하고, 여성의 입장에서 가집에 대해 논하고, 여성의 삶에 대해 논한다. 작자를 여성으로 추정하는 까닭이기도 하다. 『무묘조시』를 단순히 현대적인 감각으로 본다면 유치한 수준의 인상비평에 머물러 있다고 생각될지도 모른다. 그러나 일본 고전문학을 이해하는 데 필수적인 문학사적 의의와 더불어, 여성의 시선에 충실한 유일한 비평이라는 점에서 또 하나의 간과할 수 없는 의미를 찾을 수 있으리라.

겐지 모노가타리 고게쓰쇼

전근대 가장 영향력 있는 인쇄간행본

『겐지 모노가타리 고게쓰쇼(源氏物語湖月抄)』는 에도 시대 전기에 가인(歌人)으로 활약한 기타무라 기긴(北村季吟)이 1673년에 저술한 주석서이다. 보통은 『고게쓰쇼』라고만 하는 경우가 많다. '고게쓰쇼(湖月抄)'라는 제목은 무라사키시키부가 『겐지 모노가타리』를 구상할 즈음 이시야마데라(石山寺)에 참배하여 비와 호(琵琶湖)에 비친 달(月)을 보고 영감을 얻어 「스마(須磨)」권부터 집필했다는 전승에서 유래한다. 총 60권의 방대한 분량에 『겐지 모노가타리』 본문 전문을 포함하여 광범위한 옛 주석을 잘 정리해놓아 『고게쓰쇼』를 통해 『겐지 모노가타리』 옛 주석의 전모를 대강 알 수 있다. 또한 두주(頭註)와 방주(傍註)를 적절히 나눠 쓰는 등, 모노가타리 본문에 입각하여 이해하기 쉬운 형태로 되어 있다. 『겐지 모노가타리』에 대한 사전 지식이 별로 없어도 본문과 함께 정리된 해석까지 한눈에 참고하여 볼 수 있었기 때문에, 『고게쓰쇼』는 성립 이래 300년 가까이 가장 널리 유포된 판본이자 주석서의 지위를 유지하였다.

저자와 저술 배경

17세기 중반 무렵이 되면 도시뿐 아니라 지방에도 하이카이(俳諧)가 보급되면서, 그 기본 소양이 되는 고전 지식이 필수적으로 요구되었다. 이에 따라 고전 주석서류의 출판이 성행하는데, 1653년의 『야마토 모노가타리 초(大和物語抄)』, 1661년의 『도사 일기초(土佐日記抄)』, 1667년의 『쓰레즈레구사 문단초(徒然草文段抄)』 간행 등, 기타무라 기긴의 일련의 고전 주석 집필도 이러한 시대적 조류에 부응한 것으로 볼 수 있다. 이즈음부터 책을 펴면 양쪽 페이지에 본문과 주해가 함께 실려 있어 일일이 페이지를 넘기지 않아도 본문을 읽을 수 있는 고전보급판이 유행하기 시작하였다. 이는 불교경전의 주해 방법 체제를 응용하여 근세 교육의 일반적 형태인 강독(講讀)을 문자화한 것으로, 더 이상 사제지간의 비법 전수가 아니어도 독학이나 윤독을 가능하게 하였다.

현재 시가 현(滋賀縣)에 해당하는 오미 국(近江國) 출신의 기타무라 기긴은 당시 간사이(關西) 하이카이 문화의 중심에 있었던 마쓰나가 데이토쿠(松永貞德)에 사사하여, 이른바 고금전수(古今傳授) 인가를 받았다. 즉 렌가(連歌)의 대성자인 소기(宗祇)에서 데이토쿠로 계승되는 정통 와카론의 계보에 위치하는 것이다. 마쓰오 바쇼(松尾芭蕉)의 교토(京都) 유학시절 스승으로도 알려져 있을 정도로 많은 문인들을 배출하였다. 만년에 기긴은 와카 연구에 대한 공을 인정받아 1689년 가학방(歌學方)이라는 막부의 관직을 맡으며 도쿠가와 쓰나요시(德川綱吉) 앞에서 『겐지 모노가타리』를 강독하기도 하였다. 이후 가학방은 기타무라 가문에서 세습하게 된다.

아마도 『고게쓰쇼』를 집필한 기긴의 목적은 자신의 하이카이 문하생들을 염두에 두고 『겐지 모노가타리』 입문서를 의도한 것이었으리라고 추정된다. 하지만 기긴 사후에 하이카이를 읊는 초심자들은 물론, 국학을 지향하며 고전을 연구하는 새로운 지식인들 사이에서 『고게쓰쇼』가 대거 활용되면서 그에 대한 폭발적인 수요가 생겨났다.

겐지 모노가타리 주석사에서의 위치

『고게쓰쇼』는 중세까지의 『겐지 모노가타리』 옛 주석을 집약해놓은 성격이 강하며 저자 자신의 주해는 최소한으로 억제하는 입장에 있다. 주석사에서는 근세 중반 이후에 이루어진 국학자들의 주석을 새로운 시점의 등장으로 간주하여, 『고게쓰쇼』까지를 '구주(舊注)', 게이추(契沖)가 쓴 『겐추슈이(源註拾遺)』 이후를 '신주(新注)'라 한다.

그러나 이후의 주석서들이 연구의 질적 수준에서 더 뛰어났다고 해도,『겐지 모노가타리』본문을 통독하는 데는 그다지 적합하지 않았다. 고전을 읽는 편리함이라는 점에서 여전히『고게쓰쇼』를 능가하는 판본은 없었던 셈이다. 20세기 중반에『겐지 모노가타리 대성(源氏物語大成)』과 같은 학술적 교본이 만들어지기 전까지, 국문학자들에 의한 대부분의『겐지 모노가타리』연구서는 거의『고게쓰쇼』를 기초로 하였다. 뿐만 아니라『겐지 모노가타리』현대어역을 시도한 요사노 아키코(與謝野晶子)와 다니자키 준이치로(谷崎潤一郎)도 모두『고게쓰쇼』를 저본으로 사용하였다.

다만 근대의 문헌학적 연구가 진전되자,『고게쓰쇼』의 본문 교합(校合)에 대한 정확성이 한때 의문시되기도 하였다. 예를 들어 '초(抄)'와 같은 표시가 어떤 계통의 사본을 인용한 것인지 거의 불분명하기 때문이다. 그렇다고 당시 본문 대조 및 인용방식에 대해 오늘날 문헌 연구의 잣대로 재단하려 해서는 안 될 것이다.

겐지 가이덴

교화를 위한 유익한 책이라고 논평

『겐지 가이덴(源氏外傳)』은 에도 시대 전기의 유학자인 구마자와 반잔(熊澤蕃山)이 1673~1681년경에 저술한 것으로 전해진다. 이 시기는 앞에서 언급한 옛 주석과 새 주석의 경계에 해당하는데, 내용적으로도 본문의 어구 해석 위주인 옛 주석의 범주에 포함되지 않으면서 새 주석의 주류가 되는 국학자들의 연구와는 또 다른 이질적인 성격을 보인다.

『겐지 모노가타리』 주석의 역사에서 『겐지 가이덴』은 유일하게 유학자에 의해 쓰인 주석서이다. 당시 주류 유학자들은 『겐지 모노가타리』처럼 남녀의 애증관계를 그린 작품은 호색음란서로 멸시하며 제대로 취급하지 않았다. 그런데 구마자와 반잔은 『겐지 모노가타리』를 애독하며, 작품 전체를 예악(禮樂)과 인정세태(人情世態)를 교화하기 위한 유익한 책으로 규정하고 논평을 붙였다. 막부의 관학(官學)이었던 주자학과 대립하는 양명학자이자 경세가로 인민 교화를 중요시했던 반잔의 면모가 드러나는 지점이다.

『겐지 가이덴』은 판본으로 간행된 적은 없고 여러 종류의 사본만 전한다. 원래는 54권으로 구성된 『겐지 모노가타리』 전편에 걸쳐 주석이 이루어졌다고 하나, 현전하는 사본에는 「기리쓰보(桐壺)」권에서 「후지노우라바(藤裏葉)」권까지만 포함되어 있다.

시카시치론

모노가타리에 관한 실증적 연구의 선구

『시카시치론(紫家七論)』은 에도 시대 중기 고학파(古學派)에 속하는 국학자인 안도 다메아키라(安藤爲章)가 1703년에 저술한 책이다. 다메아키라는 이토 진사이(伊藤仁齋)에게 유학을, 나카노인 미치시게(中院通茂)에게 와카를 배웠다. 그리고 형 호킨(抱琴)과 함께 미토번(水戸藩)의 도쿠가와 미쓰쿠니(德川光圀)에게 초빙되어 쇼코칸(彰考館)에서 『대일본사(大日本史)』, 『예의유전(禮儀類典)』, 『샤쿠만요슈(釋萬葉集)』 등의 편찬사업에 종사하였다. 미쓰쿠니의 명으로 『만요슈』를 배우기 위해 게이추를 자주 찾아가면서 결국 그의 제자가 되었다고 한다. 『시카시치론』은 다메아키라가 게이추 문하에서 『만요슈』 강독을 들을 때, 평소 『겐지 모노가타리』에 대한 이런저런 생각을 이야기했더니 게이추가 수긍하는 부분이 많아 그러한 자신의 설을 한 권의 책으로 엮은 것이다.

『시카시치론』은 전 1권의 짧은 분량이지만, 서명에서 짐작할 수 있듯이 무라사키시키부에 관한 작가론을 비롯하여 『겐지 모노가타리』의 본의에 대해 일곱 가지 항목을 세워 논하고 있다. 『겐지 모노가타리』 연구에서 『무라사키시키부 일기(紫式部日記)』를 처음으로 인용한 점에서 주목된다. 모노가타리를 보는 입장은 유학적 관점에

치중되어 있으나, 실증적 연구의 선구적 존재로 자리매김할 수 있다.

내용과 특징

『시카시치론』은 본문 설명 위주의 일반적인 주석서와는 달리, 『겐지 모노가타리』를 둘러싼 여러 가지 문제를 일곱 가지 항목으로 나누어 옛 설을 인용하면서 그것을 비판하는 형식을 취한다.

① 재덕겸비(才德兼備) - 『무라사키시키부 일기』에서 좋게 평가하는 인물과 『겐지 모노가타리』 안에서 좋은 평가를 받는 인물의 묘사가 같다는 점을 근거로, 무라사키시키부의 인물론을 펼친다.

② 칠사공구(七事共具) - 무라사키시키부가 『겐지 모노가타리』의 작자로 매우 적합하다는 것을 여성이라는 점, 중류 귀족 신분이라는 점, 고명한 학자 집안 출신이라는 점, 천재였다는 점, 학문과 예술에 정통했다는 점, 궁중의 예법과 관례 등에 관한 지식에 정통했다는 점, 지리에 밝았다는 점을 들어 설명한다.

③ 수찬연서(修撰年序) - 『무라사키시키부 일기』와 『에이가 모노가타리(榮花物語)』 등의 여러 기사를 근거로, 『겐지 모노가타리』의 집필시기를 1001년 남편과의 사별 이후 궁중에 출사하

기 전까지의 시기로 추정한다.

④ 문장무쌍(文章無双) - 『겐지 모노가타리』의 문장에 대해 세이쇼
나곤의 『마쿠라노소시(枕草子)』와 비교하며 명문(名文)이라고
평한다.

⑤ 작자본의(作者本意) - 『겐지 모노가타리』를 저술한 작자의 의도
에 대해, 일부러 본의를 숨기고 비유를 사용하여 완곡히 표현
한 것이라는, 이른바 '풍유설(諷喩說)'을 주장한다.

⑥ 일부대사(一部大事) - 『겐지 모노가타리』 작품 전체의 중대사
로, 레이제이 천황(冷泉天皇)과 가오루(薫)의 예를 들어 혈통이
어지럽혀지는 문제를 상세히 다룬다. 이를 통해 작자의 본의
가 '풍유'에 있음을 강조한다.

⑦ 정전설오(正傳說誤) - 무라사키시키부를 둘러싼 전설에 대해
『무라사키시키부 일기』 등에서 확인 가능한 사실과 부합하지
않는다는 이유를 들어 비판을 가한다.

특히 무라사키시키부에 관한 고찰은 그때까지 거의 주목받지 못
했던 『무라사키시키부 일기』를 적극 활용하여 생몰년이나 집필시
기 등에 대한 새로운 견해를 제시함으로써 본격적인 작가론의 시초
로 평가된다. 예를 들면 『겐지 모노가타리』 성립을 둘러싸고 무라
사키시키부와 미나모토노 다카아키라(源高明)가 친분이 있었다는

설에 대해 연대가 맞지 않는다는 점을 들어 부정하는 등, 당시의 전승적인 요소를 실증적 방법으로 배제하였다. 이는 다메아키라가 역사연구의 방법을 모노가타리 주석에 적용한 것으로, 오늘날의 학설에서도 상당한 지지를 받고 있다.

『겐지 모노가타리』 주석사에서 볼 때, 『시카시치론』은 게이추의 『겐추슈이』와 어깨를 나란히 한다. 또한 뒤를 잇는 모토오리 노리나가(本居宣長)의 연구에도 큰 영향을 끼쳐, 『겐지 모노가타리 다마노오구시(源氏物語玉の小櫛)』에서 노리나가는 『시카시치론』을 신랄하게 비판하면서도 제일의 필독서로 들고 있다.

『겐지 모노가타리』를 비롯한 전근대 일본 고전문학 주석사에서 중세와 근세는 현격한 차이가 있다. 중세에 널리 통용된 주석의 경우, 대개 중국 서적이나 불경에서 출전을 찾아 역사적 준거를 지적하는 데 가장 주안점을 두었다. 단적인 예로 중세에는 주인공 히카루겐지(光源氏)의 역사적 모델 찾기에 주석의 많은 지면을 할애하였는데, 좌천이나 유배의 경험이 있는 일본의 역사적 인물은 물론이거니와 주공 단(周公旦)이나 백거이(白居易)의 예까지 거론되었다. 작자의 인물 조형에 주목하는 것은 단지 모노가타리를 역사에 중첩시켜 읽으려는 시도에 그치지 않고, 『겐지 모노가타리』의 주제가 무엇인가라는 질문과도 밀접하게 연결된다. 즉 히카루겐지의 단순한 연애 이야기로 보는 것이 아니라 왕권과 정치, 종교와 윤리 전반에 걸친 이상적 인간상의 제시로 파악하는 것이다.

그러나 근세 중반에 노리나가가 모노가타리의 본질은 오로지 '모노노아와레(もののあはれ)'를 아는 것에 있다고 주장하면서, 유교적·불교적 관점에서 모노가타리를 논하는 것은 하나같이 근거 없는 망설이라고 부정되었다. 그 중에서도 이 책에 수록한『겐지 가이덴』이나『시카시치론』은『겐지 모노가타리』에 권선징악의 가치관을 적용한다는 점에서, 노리나가가 모노가타리는 어디까지나 모노가타리로 읽어야 한다고 주장할 때 철저하게 비판하는 대상이 된다. 모노가타리를 독립된 문학형식으로 규정하고 그 자체의 효용과 의미를 추구하려는 노리나가의 설이 당시 얼마나 획기적인 문학 비평이었는가는 노리나가 이전 시대에 이루어진 이 책의 비평들을 보면 바로 알 수 있을 것이다. 이후 출전과 전거를 지적하는 주석의 형태는 거의 모습을 감추었다.

지금 이곳에서 일본의 모노가타리를 읽는 우리들의 입장은 어떠한가. 유교·불교라는 외부의 가치를 배제함으로써 일본 독자적인 고유의 시선을 찾고자 했던 것은 국학자 노리나가의 전략적 방법이었을 뿐이다. 그것은 그것대로 중요하게 다루어져야 할 것이다. 하지만 국학이 근대의 문헌학적 연구를 선취한 것으로 높이 평가되면서 오늘날 국문학의 향방을 결정지은 노리나가 신화에 갇혀 있는 탓에 중세 주석의 역사를 도외시한 것은 아닌지 반성해볼 일이다. 유교적 · 불교적 관점에서 『겐지 모노가타리』를 해석하는 것은 과연 무의미한 것일까. 오히려 모노가타리의 본질을 '모노노아와레'를 아는 것으로만 수렴하는 것이 폭넓은 모노가타리 읽기를 단선적이고 왜소하게 만들지는 않는가. 이 책에 실린 다양한 시점의 비평들이 그러한 물음을 환기시켜, 노리나가의 설을 비판적으로 읽는 데 도움을 주고, 나아가 모노가타리 읽기를 위한 새로운 출발점이 되기를 기대한다. 사실 이 책은 기출간한 번역서 『모노노아와레: 일본적 미학 이론의 탄생』(모시는사람들, 2016)의 속편으로 기획되었다. 보다 깊이 있는 이해를 위해 함께 읽기를 청한다.

2017년 5월
옮긴이 일동

1부

모노가타리
비평의 효시

『무묘조시』_ 작자 미상

『무묘조시』
- 작자 미상

1. 서문

세상에 태어나 83년의 세월이 헛되이 흘러버린 것을 생각하면 정말이지 슬프다. 어쩌다 사람으로 태어나 후세의 추억으로 삼을 만한 것도 없이, 생이 끝날 듯한 슬픔에 머리를 자르고 옷을 검게 물들여 그런대로 모습만은 불도에 들어섰지만, 마음은 이전과 조금도 다를 바 없다. 세월이 흘러감에 따라 점점 더 옛일은 잊기 힘들고 옛 사람은 그리워지기 마련이라 남몰래 소리 죽여 운다. 소박한 승복의 소매는 눈물로 마를 날이 없어 위안 삼아 꽃바구니를 들고 아침마다 이슬을 털어내며 들판의 풀숲을 헤치고 들어가 꽃을 따서는 부처님께 공양하는 일만을 업으로 삼았다. 많은 세월이 흘러 점점 머리 위에는 흰 눈이 쌓이고 얼굴에 주름이 늘어 보기 싫어지니, 이제는 거울 속 내 모습도 보기 싫고 남에게 보이는 것은 더욱 꺼려진다.

그러던 어느 날, 길을 나서 꽃을 꺾으며 히가시야마(東山) 근처를 이리저리 돌아다니던 중에 점점 날이 저물었다. 돌아갈 집도 멀리 있어 어디라도 발길 닿는 곳에 머물 데가 없을까 생각하였다. '삼계무안(三界無安), 유여화택(猶如火宅)이라, 이 세상에 편안한 곳은 없다'는 법화경의 한 구절을 읊으며 걷고 있자니 사이쇼코인(最勝光院)[1]이 발원하신 사찰의 큰 문이 열려 있었다.

기쁜 마음에 문 안으로 들어갔다. 건물 장식이며 불상의 모습이 실로 뛰어나, 극락정토가 이렇지 않을까 더욱더 정토왕생에 대한 염원이 깊어진다. 예전부터 많은 사찰에 참배했지만 이곳만큼 발원하신 분의 정성을 느낄 수 있는 곳은 보지 못하였다. 금으로 장식한 기둥, 옥으로 장식한 깃발을 비롯해 맹장지 그림마저 훌륭하다. 현세의 영화도 다 누리시더니 후세에서도 멋지게 사시는구나 생각하며, 그저 부러워 부처님 앞에 엎드려 절을 하고 물러났다. 계속해서 서쪽을 향해 도읍 쪽으로 걸어가다 보니, 이 근처의 모습은 도읍이면서도 깊은 산골마을 같아 실로 정취가 깊다.

음력 오월 십 여일 경, 요 며칠 내린 장맛비가 갠 틈을 기다려 석양이 또렷하게 비추는 것도 진귀하다. 두견새조차 유혹하듯 우는데, 이 새가 황천길을 안내하는 친구라 생각하니 그 소리가 귀에 박혀,

---

1 고시라카와 천황(後白河天皇)의 여어(女御)로, 다카쿠라 천황(高倉天皇)의 어머니이다.

다시 돌아와 울 거라면

두견새야 황천 가는 길 알려주렴

이라는 생각이 절로 든다. 이 근방에는 인가도 없나 생각하며 멀리 내다보니, 파릇파릇 벼이삭이 피어나고 있다. 가을 되면 바람에 흔들릴 볏잎이 떠올라, 실로 도읍과 멀리 떨어져 있는 기분이 든다. 그러던 차에 저 멀리 오래된 노송집의 용마루가 보인다.

어떤 분이 살고 계신가 하고 계속 눈길이 머무른다. 천천히 다가가 들여다보니, 기와 얹은 담 곳곳이 무너져 있고 대문도 황폐하여 사람 사는 곳처럼 보이지 않는다. 다만 침전, 대옥, 복도 등은 말끔하게 손질되어 있다. 뜰에 풀도 무성하니, 예의 히카루겐지(光源氏)가 쑥이 무성하게 난 뜰을 이슬을 헤치고 들어갔다던 장면이 생각난다.[2] 풀을 헤치고 중문을 통해 걸어 들어가 보니, 남쪽 정원은 넓디넓고, 담죽과 댕강목꽃으로 만든 울타리는 두견새가 그 그늘에 숨어 울 듯하여 정말이지 산골 같다. 앞뜰에는 초목이 여기저기 피어 있어 얼핏 많아 보인다. 아직 피지 않은 여름풀이 우거진 것이 조금 답답해 보이지만, 그중 패랭이꽃과 월계화는 지금이 한창 때라

2　『겐지 모노가타리』「요모기우(蓬生)」권에 히카루겐지가 황폐해진 스에쓰무하나(末摘花)의 저택을 오랜만에 방문할 때의 모습을 서술한 내용에 빗댄 것이다.

보기 좋다. 처마 가까이 핀 벚꽃나무도 한창 때를 상상할 수 있을 정도로 정취가 깊다.

건물의 남쪽 면 중앙 두 칸은 불상을 모신 방으로 보인다. 맹장지가 흰하게 일렬로 세워져 있다. 끊임없이 타고 있는 향 연기에 눈이 매울 정도로 훌륭한 향내가 가득하다. 무엇보다 부처님이 계시겠지 생각하니 기쁜 나머지 꽃바구니를 팔에 걸고 삿갓을 목에 건 채 툇마루로 다가섰다. 침전의 남쪽과 동쪽의 두 칸 정도 올라간 발 틈새로 쟁금 소리가 어렴풋이 들린다. 실로 그윽하고 정취가 있다.

안에서 "이 얼마나 감동적인가요. 얼마나 불심이 깊길래 그 나이에 보기에도 안쓰러운 그런 모습을 하고 계십니까? 그래도 오노노 고마치(小野小町)[3]가 팔에 걸었다던 꽃바구니보다는 훌륭하네요"라고 말하는 젊은 여인의 목소리가 들린다.

"그 옛날 아시타를 섬겼던 싯다르타 왕자의 마음보다도 훨씬 뛰어나게 보입니다그려"라는 말을 시작으로, 동년배로 보이는 젊은 여인 서넛이 오래 입어 보드라워진 가지각색의 생견과 명주로 지은 옷을 입고 툇마루에 나와 앉아 있다. 성스럽고 고풍스러운 이곳 분위기에 비해 사람들은 느낌이 좋구나 생각하며 쳐다보았다.

---

3 헤이안 시대 초기의 여류가인으로, 육가선(六歌仙) 중 한 사람이다. 미인으로 유명했지만 늙은 뒤에 영락했다 하여 후세에 여러 설화에 등장한다.

"출가 전에 당신은 어떤 분이셨나요?"라고 친근하게 물어와, "실로 꺼려지는 이런 모습을 괘념치 않으시고 젊은 나이임에도 자비심 깊으신 것이, 아무래도 부처님 곁에 살고 계시기 때문인 것 같습니다"라고 대답하였다. 이어 이렇게 말하였다. "저는 젊었을 때 이러저러한 사람이었다고 말해도 들을 만한 가치가 있는 그런 대단한 사람이 아닙니다. 다만 나이를 먹어서 절절하게도, 정취 깊게도, 흔치 않게도, 이렇게 저렇게 생각하실 만한 이야기를 많이 알고 있습니다. 하지만 그도 오래 되어서 확실하게 기억나지 않아 정말로 어쩔 수가 없네요."

그러자 "그런 이야기야말로 정말이지 듣고 싶습니다. 옛날부터 당신이 경험했던 일, 들어 알고 있는 세상일, 하나도 남김없이 이 부처님 앞에서 모두 이야기해주세요"라고 말한다. 실은 나도 옛이야기가 하고 싶어서 들고 있던 꽃바구니며 삿갓을 툇마루에 놓아두고 난간에 걸터앉았다.

"남들만큼은 아니더라도, 지금은 출가한 보잘 것 없는 몸이지만 나도 열여섯인가 열일곱 살 때부터 고카몬인(皇嘉門院)이라 불리던 분의 어머님을 섬겼고, 스토쿠 천황(崇德天皇), 고노에 천황(近衛天皇)의 재위 중에는 기회가 있을 때마다 궁궐에도 드나들었지요. 어머님이 돌아가신 후에 그 따님인 고카몬인을 섬기게 되었습니다. 하지만 역시 구중궁궐의 안개 속에서도 꽃을 사랑하고 구름 위에서 달을 바라보고 싶은 마음이 너무나 강했습니다. 고시라카와 천황(後白河天皇) 재위 중 니조 천황(二條天皇)이 아직 동궁으로 계실 때 출사하였습니다. 그때는 아직 제 몫을 다하지는 못했지만, 차츰 궁중생활에 익숙해져 나름 사람들에게 인정받는 인물이 되었지요. 로쿠조 천황(六條天皇), 다카쿠라 천황(高倉天皇) 시대까지 때때마다 출사하여 섬겼습니다. 허나 백발이 보기 괴로울 지경이 되어 이렇게 머리를 자르고 산골에 박혀 법화경 독송을 게을리 한 적이 없습니다. 오늘 아침은 일찍 암자를 나서 지금까지 이리저리 헤매다 보니 게으름을 피우고 말았네요"라며 목에 걸고 있던 보따리에서 경전을 꺼내 읽었다.

그러자 "어두운데 어떻게 읽으시나요?"라 묻는다. "지금은 익숙해져 밤에도 더듬더듬 읽을 수는 있답니다"라 말하고, 법화경 1권 말미의 방편품(方便品) 비구게(比丘偈)부터 소리 죽여 차례로 읊었다. 그러자 모두들 놀라서는 "조금 가까이에서 듣고 싶습니다"라며 툇마루로 불렀다. 이에 "정말이지 민망하고 부끄럽습니다. 허나 법화경에 경의를 표하시는데 제가 억지로 물러나는 것도 죄를 짓는 일일 터이니…"라 말하며 툇마루로 올랐다. 그러자 "같은 값이면 이쪽으로"라고 중문 복도로 불러서 방석을 깔고 앉게 하였다. "법화경 읽는 자를 지켜준다는 십나찰(十羅刹)의 공덕으로 이렇게 훌륭한 곳에 오르는 것을 허락 받았습니다. 하물며 후세는 한층 더 의지가 되겠지요"라 말하고는 이 구절 저 구절 소리 높여 법화경을 읊었다.

"정말 뜻밖이구려. 스님조차 이렇게 읽기는 드물거늘"이라며 젊은 뇨보, 나이든 뇨보 일고여덟 정도가 나가와 "오늘 밤은 이야기 상대가 되어 이대로 밤을 지새웁시다. 달도 멋지구려"라며 모여들어 앉았다.

경문을 한차례 읽고 나서 염주를 돌리며 "멸죄생선(滅罪生善)"[4]이라 말하고 "이제 쉬시지요"라며 몸을 기대어 누웠지만, 여인들은 들어가지 않고 두서없는 말들을 서로 나눈다. 경전을 좋다 나쁘다 칭찬하기도 비난하기도 하고, 꽃이며 단풍이며 달이며 눈에 대해 이야기를 나눈다. 실로 흥미롭게 들리는지라 가만히 누워 귀를 기울이며 듣고 있자니, 서너 명 정도 남아서 차분히 이야기한다.

그때 한 여인이 말하였다. "그건 그렇고, 무엇이 가장 이 세상에서 버리기 어려운 걸까요? 각자 마음속에 생각하고 있는 것이 있다면 말해보지요."

---

4 경문을 다 읽었을 때 외치는 말로, 과거와 현재의 죄장을 멸하고 내세를 위한 선보(善報)를 얻으려는 것이다.

2. 버리기 어려운 것: 달

"꽃과 단풍을 즐기고 달과 눈의 정취에 빠지는 일도 이 세상에서 버리기 어려운 겁니다. 이 같은 풍아함을 즐기는 데는 정취 있는 사람이나 없는 사람이나 정취를 알지 못하는 사람이나 신분이 낮고 하찮은 사람이나 구분이 없지요. 그중에서도 저녁 무렵 달빛이 어스름할 때부터 새벽달이 아련하게 떠 있을 때까지, 때와 장소를 가리지 않는 것은 달빛뿐이겠지요. 봄과 여름 달밤도 그러하지만, 특히 가을과 겨울 달 밝은 밤에는 정취를 모르는 마음도 저절로 맑아져 정취 없는 모습도 자연스레 잊힙니다. 잘 알지 못하는 옛날, 지금, 그리고 앞날도, 또 아직 보지 못한 고려나 중국까지도 속속들이 짐작하게 되는 것은 그저 이 달을 마주했을 때뿐이지요. 그렇기에 왕자 유(猷)가 달 밝은 밤에 친구인 대안도(戴安道)를 찾아가고,[5] 소사(簫史)의 처가 달에 마음을 빼앗겨 구름 속으로 들어가 버렸다는 이야기도 그럴듯하게 여겨집니다.[6] 이 나라에도 달에 온통 마음을 빼

---

5 『진서(晋書)』「열전(列傳)」,『가라 모노가타리(唐物語)』 등에 보인다. 왕자 유는 아름다운 달밤, 혼자서는 위로가 되지 않아 함께 달을 찬미하려고 멀리 떨어져 살고 있는 친구를 방문했다고 한다.
6 주5)와 동일 출처. 악사 소사의 처는 소사가 부는 퉁소 소리에 매료되어 스스로 처가 되었지만 세상 사람들의 조롱을 받았다. 그러나 조금도 괴로워하지 않고 함께 퉁소를 불며 달만을 바라보고 있었는데, 어느 날 봉황이 날아와 두 사람을 구름 속으로 데리고 사라졌다고 한다.

앗긴 이야기들이 예나 지금이나 많이 있는 듯합니다. 게다가 달은 또 세지보살(勢至菩薩)이라고들 하지요.[7] 미망에서 벗어나기를 기원할 수 있는 존재입니다."

또 "이렇게 탁한 말세까지 어떻게 이 같은 빛이 남아 있는 걸까요? 그 옛날 아미타여래가 세지보살을 달로 삼아 인간세상을 비추게 했던 인연이 황송하게 여겨집니다. 이 세상에서 버리기 어려운 것 중 으뜸은 달빛인데, 마음 맞는 벗이 없어 그저 홀로 달을 바라볼 때는 아름다운 빛도 흥취를 느낄 수 없고 그리움만 더해 괴롭습니다"라고 말하는 사람이 있다.

3. 글

또 "세상에 어찌 이리 멋진 것이 있을고, 그런 생각이 드는 것은 글입니다. 『마쿠라노소시(枕草子)』에서 거듭 말하고 있으니 새삼스레 말씀드릴 필요도 없겠지만, 참으로 멋진 것이지요. 저 먼 곳에 떨어져 있어 몇 해나 만나지 못한 사람도 편지글만 보면 마치 지금 마주하고 있는 듯한 느낌이 듭니다. 오히려 직접 대면해서는 다 풀어

7 　아미타불의 오른쪽에 있는 보살로, 지혜의 광명으로 중생을 삼악도에서 벗어나게 한다. 해는 관세음보살의 화신이고 달은 세지보살의 화신이라는 전승이 『천지본기경(天地本起經)』이나 『백좌법담(百座法談)』 등에 보인다.

내지 못할 마음속 생각, 하고 싶은 말을 세세히 풀어 쓴 편지를 읽는 그 기분이란, 멋지기도 하고 반갑기도 하여 얼굴을 마주하는 것에 결코 뒤지지 않습니다.

따분할 때 예전에 받은 편지를 들추어보면 마치 그 옛날로 돌아간 기분이 들어 반갑기 그지없습니다. 더욱이 이미 죽은 사람이 예전에 쓴 글을 보면 깊은 감회에 젖어듭니다. 세월이 많이 흘렀음에도 이제 막 붓을 적셔 쓴 듯 느껴져 아무리 생각해도 아주 멋집니다.

다른 것들은 모두 그저 마주하고 있을 때 느끼는 감정뿐이지만, 편지는 그때의 정감을 그대로 느낄 수 있는 점이 정말이지 멋집니다.

훌륭했던 엔기(延喜, 901~923), 덴랴쿠(天曆, 947~957) 시대의 옛일도, 중국이나 인도의 알지 못하는 세상사도, 지금 우리들의 소소한 일도 만약 글이라는 것이 없었다면 어떻게 후세에 적어 남길 수 있을까 생각하니, 역시 이처럼 멋진 것은 어디에도 없으리라 여겨집니다"라고 말한다.

4. 꿈

또 "어떤 점이 꼭 집어 멋지다 말할 수는 없는데, 흔히 덧없고 기댈 수 없다 말하는 꿈이야말로 정말이지 멋진 것이라는 생각이 듭니다.

이미 연이 끊긴 사이지만 꿈에서는 둘 사이를 방해하는 관문지기도 그다지 엄격하지 않고, 예전에 왔던 길을 되짚어 가는 일도 많습니다. 이미 세상을 떠나 만나지 못하는 옛사람의 생전 모습을 뚜렷이 볼 수 있는 것도 그저 이 꿈길뿐입니다. 조토몬인(上東門院)이 '이제 두 번 다시 만나지 못해 울면서 잠든 밤에 꿈꾸는 것 말고는'[8]이라 읊은 와카에 정말이지 마음이 젖어듭니다'라고 말하는 이도 있다.

5. 눈물

또 "이 세상에 정말 멋지다 할 만한 것은 그리 많지 않지만, 눈물은 실로 절절한 겁니다. 인정을 모르는 무사의 마음을 누그러뜨리는 것도 눈물이지요. 겉으로는 보이지 않는 마음을 드러내는 것도 눈물입니다. 아주 진지하게 감동을 받은 척해도 진짜로 감동받은 게 아니라면 눈물이 나오지 않는 법입니다. 아주 작은 일에도 눈물 짓거나 하면 마음속 간절함이 전해져 애틋하게 느낍니다. 우다 천황(宇多天皇)의 사자로 간 미나모토노 긴타다(源公忠)가 여인이 슬퍼 우는 모습을 보고 '우는 모습 보니 가슴 아프네'[9]라는 와카를 읊었다

8 조토몬인, 즉 쇼시(彰子)가 남편인 이치조 천황의 붕어를 슬퍼하며 읊은 와카이다.
9 『야마토 모노가타리(大和物語)』에 의하면 '그리워할 테지 그 마음속 몰라도 우는 모습 보니 가슴 아프네'라는 와카이다.

고 하는데 그럴 만합니다"라고 말하는 이가 있다.

6. 아미타불

또 "새삼스레 말씀드릴 일도 아니지만, 현세에서 가장 멋지다고 여겨지는 것은 아미타불이십니다. 염불의 공덕이 필요함은 새삼 말씀드릴 필요도 없겠지요. '나무아미타불'이라 염불하는 것은 정말이지 훌륭합니다. 다른 사람이 원망스럽고, 세상살이가 힘들고, 뭔가 부러울 때, 또 경사스러운 일이 있을 때도 온갖 생각이 들어 어찌할 수 없습니다. 그때 위로 삼아 '나무아미타불'만 외면 모든 생각이 자취를 감추듯 슬며시 사라지고 위안을 받습니다. 다른 분들은 어찌 생각하시는지요? 제가 그리 생각하니 그저 '나무아미타불'이라 외는 다른 분들도 그러리라 여겨져, 그윽하고 그립고 애틋하고 몹시 마음이 끌립니다. '좌위문독(左衛門督) 긴미쓰(公光)라는 분은 궁중에 출사했던 여인과 정을 나누었는데, 그 여인이 다른 남자와도 정을 나눈다는 이야기를 들은 후에 우연히 그 여인과 만나게 되었답니다. 하지만 연애와 관련된 이야기는 요만큼도 꺼내지 않고 일상적인 세상사나 궁중의 일만, 그것도 말수도 많지 않게 이야기하고는 나무아미타불, 나무아미타불이라 말씀하셨답니다. 지나간 일이나 앞으로의 일을 말하는 것보다 훨씬 멋져서 전해들은 저 자신도 식은땀까지 흘렸을 정도였지요'라 말하는 사람이 있었습니다. 현세도 그러한데 하물며 내세를 위해서는 염불이 얼마나 중요하겠습니까?' 라고 말한다.

7. 법화경

또 "공덕 중에 어느 것 하나 소홀히 할 수는 없지만, 아무리 생각 해도 가장 훌륭한 것은 법화경입니다. 제아무리 재미있고 멋진 그 림이 그려진 모노가타리라 해도 두세 편 보고 나면 질리는 법인데, 이 법화경은 천 번을 들어도 들을 때마다 새롭고 한 글자 한 글자 처 음 듣는 듯하니 믿기지 않을 정도로 멋집니다. '무이역무삼(無二亦無 三)'[10]이라 받들어질 뿐만 아니라 '법화최제일(法華最第一)'[11]이라는 구 절도 있으니 새삼 이렇게 말씀드리지 않아도 되겠지요. 예부터 전 해지는 말 중에는 꼭 그렇지 않은 것도 있지만, 법화경이 가장 뛰어 나다는 말은 정말로 그리 여겨집니다. 어쩌다 인간으로 태어나 이 법화경을 만난 것을 그저 행운이라 생각할 정도입니다. 그런데 어 째서 『겐지 모노가타리(源氏物語)』 같은 뛰어난 작품에 이 법화경 한

10   『법화경』 방편품(方便品)에 보인다. 법화경은 둘도 없는 단 하나의 경전이라는 뜻이다.
11   『법화경』 법사품(法師品)에 보이는 구절이다.

구절도 흔적이 보이지 않는 걸까요? 『겐지 모노가타리』에 뭐 하나 빠진 것이 어디 있나요? 이것만이 이 작품의 제일 큰 결점이라 생각됩니다"라는 말이 들려왔다.

그중 젊은 뇨보가 "무라사키시키부(紫式部)가 법화경을 읽지 않았던 걸까요?"라고 말하였다.

그러자 "글쎄요, 그 점에 관해서는 참으로 유감스럽습니다. 변변치 못한 우리들조차도 내세를 위해서는 말할 것도 없고 법화경을 읽지 않았다는 사실을 누군가 알면 정취가 부족하다 여겨질 터이기에 무리해서라도 읽으려 하지요. 그런데 그렇게 뛰어난 사람이 어찌 읽지 않았겠습니까?"라고 말한다.

"사실 무라사키시키부는 매우 불심이 깊고 내세를 염려하여 아침저녁으로 근행하며 세속에는 마음을 두지 않는 사람이었던 것 같습니다"라고 말한다. 이 말을 계기로 『겐지 모노가타리』에 대한 이야기가 시작되었다.

8. 겐지 모노가타리

"그건 그렇고, 『겐지 모노가타리』가 쓰인 것이야말로 아무리 생각해도 현세의 인연뿐 아니라 전세의 인연이라 여겨질 만큼 신기합니다. 실로 부처님께 기원한 효험이라 생각됩니다. 생각해보면 이후의 모노가타리는 아주 쉬웠을 테지요. 『겐지 모노가타리』를 바탕으로 해서 쓴다면 그보다 더 뛰어난 작품을 만들어내는 사람도 분명 있었을 겁니다. 그런데 겨우 『우쓰호 모노가타리(宇津保物語)』, 『다케토리 모노가타리(竹取物語)』, 『스미요시 모노가타리(住吉物語)』 정도를 읽고 그런 대작을 만들어 내다니. 보통 사람이 할 수 있는 일은 아니라고 봅니다"라고 말하자, 또 앞서 말했던 젊은 뇨보가 "아직 보지 못한 것이 아쉽습니다. 『겐지 모노가타리』에 대해 이야기해주세요. 꼭 듣고 싶습니다"라 한다. 그러자 다른 뇨보가 "그렇게 많은 양의 이야기를 외워서 다 할 수는 없습니다. 책을 보고 나서 들려드리지요"라고 말한다. 하지만 "그래도 오늘밤 이야기해주세요"라며 간절히 듣고 싶어 한다. 또 다른 이들도 "사실 이런 밤에 무료함을 달래줄 수 있는 이야기지요"라며 제각기 말을 보탠다.

9. 각 권에 대한 논

"『겐지 모노가타리』 중에 어느 권이 사무치게 와 닿고 뛰어나다 생각하시는지요?"라고 묻는 이가 있다.

"「기리쓰보(桐壺)」를 능가하는 권이 있겠습니까? '어느 천황의 치세였을까…'로 시작되는 부분부터 히카루겐지가 성인식을 치르는 부분까지, 문장이든 내용이든 마음속 깊이 스며드는 애절함은 이 권에 다 담겨 있습니다. 「하하키기(帚木)」권의 비 오는 날 밤의 여성 품평회 부분도 아주 볼 만한 내용이 많은 것 같습니다. 「유가오(夕顔)」권은 한결같이 애처롭고 불쌍하여 마음을 아프게 합니다. 「모미지노가(紅葉賀)」권과 「하나노엔(花宴)」권은 각각 우아하고 마음이 끌리는 것이 이루 말할 수 없지요. 「아오이(葵)」권은 정말이지 절절히 마음을 울립니다. 「사카키(賢木)」권에서는 로쿠조미야스도코로(六條御息所) 일행이 이세(伊勢)로 떠나려는 부분이 아주 흥미롭습니다. 기리쓰보 천황(桐壺天皇)이 붕어한 후, 후지쓰보 중궁(藤壺中宮)이 출가하는 대목은 정말 애처롭습니다. 「스마(須磨)」권도 정취 있고 멋진 권입니다. 히카루겐지가 도읍을 뒤로 한 채 떠나는 장면이나 스마에서의 생활이 그려진 부분은 무척 정취가 있습니다. 「아카시(明石)」권은 히카루겐지 일행이 스마 포구에서 아카시 포구로 옮겨가는 대목, 또 아카시 포구를 떠나 다시 도읍으로 향하는 대목에서,

도읍을 떠난 그 봄에 뒤질 쏘냐

세월이 흘러 포구를 떠나 이별하는 이 가을

이라며 히카루겐지가 와카를 읊는 부분이 아주 멋집니다. 도읍을 떠날 때는 절대 이렇게 끝날 리 없고 다시 돌아오리라 생각했을 테

니 여러 가지로 그나마 걱정이 덜했겠지요. 그러나 아카시 포구는 다시 돌아올 기약이 없어 모든 것이 마지막인 양 눈길이 머문 것도 당연하겠지요. 「요모기우(蓬生)」권은 우아한 정취가 많이 느껴지는 권입니다. 「아사가오(朝顔)」권에서는 무라사키노우에(紫の上)가 근심하는 모습이 가엾습니다. 병계 열일곱 권[12] 중에 「하쓰네(初音)」권과 「고초(胡蝶)」권은 마음이 끌리고 멋집니다. 「노와키(野分)」권의 아침 정경 묘사는 여러 가지로 볼 만하고 아름다우며 운치 있는 부분이 많습니다. 「후지노우라바(藤裏葉)」권은 아주 만족스럽고 흡족한 권입니다. 「와카나(若菜)」 상하권에서는 많은 사건이 벌어지는데, 분량이 많고 볼 만한 부분이 특히 많습니다. 「가시와기(柏木)」권에 그려진 우위문독(右衛門督) 가시와기의 죽음은 정말이지 안타깝습니다. 「미노리(御法)」권과 「마보로시(幻)」권에는 마음에 사무치는 일뿐입니다. 우지(宇治)의 아가씨들이 나오는 권들[13]은 「고지마」권[14]과는 분위기가 다른데, 표현이나 다른 모든 것이 다 그렇습니다만, 특히 언니인 오이기미(大君)의 죽음과 나카노키미(中の君)의 모습이 매우 가련합니다"라며 뇨보들이 번갈아 말하였다.

---

12 『겐지 모노가타리』 구상론 상, 각 권을 본계(本系)와 병계(竝系)로 나누는 생각은 예전부터 있었다. 「하쓰네」 이하 「마키바시라(眞木柱)」권까지 9개권은 「다마카즈라」권의 병계이다.

13 우지에 인연이 있는 여인들이 등장하는 여섯 권. 이른바 '우지 십첩(宇治十帖)'의 전반부.

14 「우키후네(浮舟)」권. 여주인공 우키후네가 읊은 와카 속 '고지마(小島)'라는 노랫말에 따른 것으로 보인다.

---

10. 훌륭한 여성

그러자 그 젊은 뇨보가 "그렇다면 훌륭한 여성에는 어떤 분들이 있는지요?"라고 묻는다. "기리쓰보 갱의(桐壺更衣), 후지쓰보 중궁이 지요. 아오이노우에(葵の上)의 자제심, 그리고 무라사키노우에는 말할 필요도 없지요. 아카시노키미(明石の君)도 고상하고 매력이 있습니다"라고 답하는 말이 들린다.

11. 매력적인 여성

또 "매력적인 여성이라 하면 오보로즈키요(朧月夜)지요. 히카루겐지가 스마로 퇴거하게 된 연유가 이 사람 때문이라 생각하면 마음이 끌립니다. '누구를 그리며 흘리는 눈물입니까?'라며 오보로즈키요를 향해 스자쿠 천황(朱雀天皇)이 말씀하시는 장면도 매우 인상적입니다. 또 아사가오(朝顔) 황녀만큼 의지가 강한 사람이 있을까요? 히카루겐지에게 그토록 구애를 받으면서도 끝까지 박정하게 받아들이지 않는 모습은 정말이지 인상 깊습니다. 우쓰세미(空蟬)도 그렇습니다만, 고집이 센 면은 아주 보기 거북할 정도입니다. 후에 비구니가 되어 다른 여인들과 함께 히카루겐지의 보살핌을 받는 모습은 역시 탐탁지 않습니다"라고 말하자, "우쓰세미는 히카루겐지에게 진심으로 마음을 터놓지 않았다, 아니 터놓았다, 라고 사람들이 갑론을박하는 이유는 무엇인지요?'라고 묻는 사람이 있다. 그러자 "「하하키기」 권명의 유래가 된 '당신은 만나고 싶어도 만날 수 없는 사람이군요'[15]라는 와카에서 알 수 있듯이, 결국은 마음을 터놓지 않았던 것으로 보입니다. 이를 오해하고 그렇게 터놓았다고 말하는 사람도 가끔 있는 것 같습니다"라고 답한다.

또 "우지의 오이기미야말로 정말 매력적인 여인입니다. 또 로쿠조미야스도코로를 모신 주조(中將)는 뇨보들 가운데서도 인상 깊습니다."

12. 호감이 가는 여성

"호감이 가는 여성은 하나치루사토(花散里)입니다. 특별히 아름다운 데가 없는 용모를 지니고도 뛰어난 여성들 사이에서 조금도 뒤지지 않는 인품으로 평판이 자자했지요. 특히 유기리(夕霧)를 양자로 삼아 키운 점이 가장 호감이 가는 인상적인 부분이에요"라고 말하였다. 그러자 "유기리를 양자로 삼다니. 그토록 훌륭한 아오이노

---

15 『고킨와카슈』에 나오는 '시나노 지방 작은 오두막집 근처 가까이 가면 사라지는 신비한 나무 하하키기처럼 당신은 만나고 싶어도 만날 수 없는 사람이군요'를 말한다.

우에의 아들로 태어난 분이 어찌 그리 볼품없는 여인을 어머니로 모셔야 한단 말입니까?"라며 분한 기색을 보이는 뇨보가 있어 모두가 웃고 말았다.

또 "스에쓰무하나(末摘花)를 호감이 가는 여성이라 하면 여러분은 저를 비웃으실까요? 하지만 스에쓰무하나는 이모부가 쓰쿠시(筑紫) 지방의 차관으로 부임하면서 데려가려 해도 따르지 않고,[16] 죽도록 궁핍한 생활을 하면서도 황폐한 옛집을 고치지 않은 채 히카루겐지를 기다렸지요. 드디어 히카루겐지가 집으로 찾아와 '무성한 잡초 속에 옛날과 변함없는 아가씨 마음'이라는 와카를 읊으며 풀숲을 헤치고 들어오는 장면에서는 그 어떤 여인보다 멋지게 여겨집니다. 물론 외모를 비롯하여 뭐든 뛰어난 여인에게는 이 정도 일이 멋질 리 없겠지요. 그러나 그녀 같은 여인에게는 부처님으로 환생하기보다 더 어려운 운명이 아니겠습니까?

로쿠조미야스도코로는 번번이 생령이나 사령으로 나타나서 두렵기는 하나, 그 인품은 훌륭하고 진중하여 호감이 갑니다. 그리고 딸 아키코노무 중궁(秋好中宮)도 자제심이 대단하므로 사려 깊고 교양 있는 여인에 포함시켜도 좋을 법하지만, 어쩐지 얄밉다고나 할

---

16 원문에 의하면 이모부가 지방으로 데려가려 했다는 문맥으로 오해할 수 있으나, 실은 이모부의 부임에 따라 이모가 동행을 권유한 것이다.

까요? 히카루겐지가 너무나 애지중지하는 점이 저는 도무지 마음에 들지 않습니다.

다마카즈라(玉鬘)야말로 호감이 가는 여성이라 해야겠지요. 겉모습과 얼굴은 물론 성격과 인품까지 더할 나위 없는데다, 세상평판이 높은 두 대신이 친아버지와 양아버지이고, 또 양쪽 부모 모두에게 사랑받는 모습은 아주 이상적입니다. 그런데 그 정도라면 상시(尙侍)[17]가 되어 레이제이 천황(冷泉天皇)에게 총애를 받든지, 그도 아니면 수년간 정성을 쏟았던 병부경궁(兵部卿宮)의 부인이라도 되었으면 좋았을 텐데. 정말이지 마음에 안 드는 히게쿠로(鬚黑)의 부인이 되어 엄중히 감시를 받으며, 그토록 훌륭한 양아버지 히카루겐지를 찾아뵙지도 못하는 대목은 참으로 답답하고 불만스럽습니다. 또 실로 나약했던 유가오의 딸답지 않게 지나치게 자존심이 강하고 딱 부러지는 성격으로, 히카루겐지에게 '이 세상에 딸에게 연정 품는 아버지 마음은'[18]이라 와카를 읊는 모습을 보면 그 어머니와는 전혀 닮지 않았지요. 게다가 쓰쿠시 지방으로 내려간 일도 너무 품위가 떨어진다고 생각됩니다. 그래도 대체로 그 인품은 호감이 가는

---

17 천황을 측근에서 모시면서 후궁들을 관장하는 부서의 장관. 주로 실무는 상시 이하가 담당하고 상시는 보통 천황의 총애를 받았다.
18 양부인 히카루겐지가 연정을 품고 있음을 전하자 이에 당황한 다마카즈라는 '옛날의 예를 다 찾아보아도 전혀 없구나 이 세상에 딸에게 연정 품는 아버지 마음은'이라는 와카를 읊는다.

여성이지요."

13. 가련한 여성

"가련한 여성이라 하면 먼저 무라사키노우에가 떠오릅니다. 무조건 편을 들어주고 싶을 만큼 딱하기만 합니다. 그렇기에 그 주변 사람들이 너무 얄밉게 느껴지지요. 부친 식부경궁(式部卿宮)을 비롯하여 외조모의 오빠인 기타야마(北山)의 승려에 이르기까지 하나같이 마음에 들지 않는 사람들뿐입니다. 계모야 뭐 냉정하다 해도 어쩔 수 없는 사이지만, 히카루겐지의 부인까지 된 분에게 그처럼 냉담한 태도를 취해서야 되겠습니까?

유가오야말로 아주 가련한 여성이지요. 어머니를 닮지 않은 다마카즈라 같은 딸을 둔 것은 그녀 같은 사람에게 어울리지 않지만 말입니다. 그런 사람은 차라리 아이를 남기지 않고 그저 흔적도 없이 죽었더라면 오히려 가끔 떠올리기도 했을 텐데….

성실한 유기리의 처 구모이노카리(雲居雁)는 전혀 기품 있고 우아하게 보이지는 않으나, 왠지 모르게 유기리가 어릴 적부터 가련하다고 생각했던 여성이지요.

우지의 하치노미야(八の宮)의 둘째 딸인 나카노키미야말로 매우 불쌍한 여성입니다. 초반에는 별로 그렇게 생각하지 않았는데, 남

편 니오노미야(匂宮)가 유기리의 딸과 결혼하고 나서부터 수심에 잠겨 있는 모습이 딱하기 그지없어요. 더구나 남편에게 가오루(薫)와의 사이를 의심받아 '고작 이 정도 일로 부부 사이에 금이 가다니'[19]라고 와카를 읊는 대목은 읽을 때마다 눈물이 멈추지 않습니다.

온나산노미야(女三の宮)야말로 불쌍한 여인임에 틀림없다고 할지도 모르겠군요. 돌아가려는 히카루겐지에게 '소매 적시며 울라고 쓰르라미'[20]라는 와카를 읊고는 '적어도 달이 뜨기를 기다렸다가, 라고 하지 않습니까'라 말하며 붙잡는 대목은 마음이 아픕니다. 너무나 사리분별을 못하고 유치합니다만, 또 거기에 요염한 면이 있어 마음에 들지 않습니다. 이런 여성은 그저 어린애처럼 아무 생각 없는 단순한 성격이어야 사랑스러운 법이에요. 가시와기에게 받은 당치도 않은 편지를 히카루겐지에게 들킨 것도 그런 마음 때문이었지요. 가시와기와 몰래 만났던 일을 생각했다면 아무리 히카루겐지가 머물려 해도 억지로라도 돌려보냈어야 마땅한데, 잔꾀를 부려 불쌍해 보이는 말로 붙잡아두는 바람에 결국 그처럼 큰일을 내고 말았던 게지요.

---

19 니오노미야가 '다른 이가 소맷자락에 남긴 향내를 내게 스미게 하다니 당신이 원망스럽소'라 읊은 와카에 대해 나카노키미가 읊은 와카이다. '익숙한 옷처럼 믿고 의지했는데 고작 이 정도 일로 부부 사이에 금이 가다니'. 니오노미야의 부재중에 방문한 가오루의 향내가 나카노키미에게서 나자 의심을 받는 대목이다.
20 '저녁 이슬에 소매 적시며 울라고 쓰르라미 우는 소리 들으며 가시옵니까'.

우키후네(浮舟)는 그야말로 얄미운 여성이겠지요. 그러나 이러지도 저러지도 못하고 혼란스러워하며,

> 종소리 끊기는 그 여운에 내 울음소리 덧붙여
> 내 목숨도 다했노라고 어머니께 전해주세요

라는 와카를 남기고 죽음을 선택한 것은 정말 불쌍합니다. 우키후네와 니오노미야 사이의 일을 알게 된 가오루가,

> 파도 넘듯 마음 변한 줄도 모르고
> 나는 당신이 기다려 주리라고만 생각했었소

라는 원망 섞인 와카를 보내자, '편지가 잘못 왔군요'라며 애초에 뜯어보지도 않은 것처럼 편지를 묶어서 되돌려 보낸 대목을 보면 생각보다 야무진 데도 있는 것 같습니다."

14. 남성론

또 그 젊은 뇨보가 "남자 중에는 어떤 사람이 있습니까?"라고 묻는다.

"히카루겐지에 대해서는 좋다 나쁘다 평하는 것도 실로 면구스러워 새삼 말할 필요도 없습니다만, 그리 하지 않았어야 했다고 생각되는 점은 많이 있습니다.

먼저 두중장(頭中將)에 대한 겁니다. 어려서부터 히카루겐지와는 거리를 두지 않고 속마음을 털어놓는 사이였는데, 비오는 날 밤의 여성 품평회를 비롯해 스에쓰무하나를 몰래 방문하려는 히카루겐지를 원망하며 두중장이 와카를 읊지요.

둘이서 함께 궁중을 나왔거늘
가는 곳 보이지 않는 십육일 밤의 달이여

또 겐노나이시노스케(源典侍)의 처소에서 큰 칼을 빼어들고 히카루겐지를 위협했던 일들은 말할 필요도 없지요. 무엇보다 그처럼 시끄러웠던 일도 괘념치 않고, 히카루겐지가 퇴거한 스마의 거처까지 찾아온 그 깊은 마음은 시간이 흘러도 어찌 잊을 수 있겠습니까? 그런데 히카루겐지가 그것도 모르고 연고도 없는 로쿠조미야스도코로의 딸을 양녀로 삼아 두중장의 딸인 여어(女御)와 경쟁을 시킨 일은 실로 무정한 처사입니다. 그림 경합을 할 때도 히카루겐지가 스마에서 그린 자신의 그림 두 권을 제출해서 두중장의 딸이 패하게 만든 것은 아무리 생각해도 유감스럽습니다. 또 스마에 계실 때

말입니다. 그처럼 애달프게 여기던 무라사키노우에도 데려가지 않았는데, 그래서 마음을 맑게 하여 오직 근행에만 전념하리라 생각하였건만, 아카시노뉴도(明石の入道)의 사위가 되어 진종일 마주앉아 거문고를 연주하는 장면을 보면 아무 생각이 없는 것처럼 느껴집니다. 또 여러 여인과 관계가 정리되어 이제는 무라사키노우에에게 정착했나 싶은 만년에 이르러서도, 다시 온나산노미야를 아내로 맞아 젊은 시절로 돌아간 듯 행동하는 것은 어울리지 않습니다. 게다가 온나산노미야와 가시와기의 밀통을 알고 나서는, 두려워하며 알현하지 않으려는 가시와기를 억지로 불러내어 이런저런 말로 비아냥거렸지요. 그것도 모자라 가시와기를 심하게 노려보아 결국 죽음에 이르게 하는 대목은 심히 좋지 않습니다. 대체로 이런 면에서 진중하고 점잖은 마음이 부족하다 생각합니다.

호타루(螢) 병부경궁은 특별히 어떤 점이 좋고 나쁜지 느껴지지 않는 인물입니다만, 많은 형제들 중에서 히카루겐지와 특히 사이가 좋아 무슨 일이든 먼저 의논하는 모습이 마음이 끌립니다. 하지만 다마카즈라와의 일이 잘 되지 않은 것은 몹시 패기 없게 느껴집니다.

반면 두중장은 정말이지 좋은 사람입니다. 우선 스마에 히카루겐지를 방문했던 일은 아무리 생각해도 멋집니다. 물론 유기리의 마음을 아프게 했던 것은 원망스럽지만, 그것도 생각해보면 당연

한 일이지요. 나중에는 예전의 당당했던 모습을 찾아볼 수 없을 정
도로 약해져서 유기리와 딸 구모이노카리의 혼사를 허락하는데, 이
대목에서는 원만하게 처리한 것 같습니다.

한편 유기리는 나이에 맞지 않게 지나치게 점잔빼는 모습이 어
딘지 부족해 보이지만, 진중한 면은 아버지 히카루겐지를 능가합니
다. 여기저기서 들어오는 혼담에도 흔들리지 않고 구모이노카리와
의 관계를 인정받을 때까지 느긋하게 기다리는 모습은 흔치 않지
요. 여인조차 그리 하기는 힘들지 않을까요? 그렇지만 자신의 생각
대로 구모이노카리와 혼인하여 살다가 만년에 뜬금없이 오치바노
미야(落葉の宮)와 관계를 맺지요. 그 바람에 '성실한 사람'이라는 평
판을 망쳐 버릴 만큼 그때까지의 성실한 모습에서 돌변하는 것은
예상외의 일이었습니다.

가시와기는 시종 참 좋은 사람입니다. '바위틈에서 흘러나오는'[21]
중장으로 불리는 시기부터, 두중장이 자신의 딸과 유기리의 결혼을
허락했을 무렵까지만 해도 대단히 정취 깊은 사람이었습니다. 하지
만 온나산노미야와의 일을 목숨과도 바꿀 정도로 지나치게 골똘히
생각한 것은 비난하고 싶을 정도입니다. 유기리와 함께 온나산노미

21　가시와기가 배다른 동생인 줄 모른 채 다마카즈라에게 연심을 품고 읊은 와카 '그리워해도
　　당신은 모르겠지요 바위틈에서 흘러나오는 샘물 빛깔이 보이지 않듯 내 마음도 보이지 않
　　을 테니'의 한 구절이다.

야를 우연히 보게 되었을 때, 유기리는 그녀를 경솔하고 기대에 미치지 못한다고 생각한 반면, 가시와기는 너무 깊이 마음에 품었다는 것이 실로 실망스럽습니다. 태풍이 지나간 아침에 무라사키노우에를 어렴풋이 엿보고 깊은 시름에 잠겼다는 유기리야말로 실로 멋집니다. 가시와기가 죽음을 맞이하는 장면은 정말이지 애달프고 안타깝습니다만, 그것도 지나치게 자신의 신변을 비관하고 꼴사나운 모습을 보여 '뭐 그렇게까지 할 필요는 없지 않았나'라 생각됩니다.

또 가시와기의 동생인 고바이 대납언(紅梅大納言)이라는 인물은 실로 멋진 사람입니다. 한시 운자 맞추기를 하며 다카사고(高砂)를 부르거나, 「후지노우라바(藤裏葉)」권에서 벤노쇼조(弁の少將)라 불릴 때 아시가키(芦垣)를 부르는 장면을 보면 그러합니다. 하지만 히카루겐지가 죽고 난 뒤의 만년에는 마치 새 없는 섬의 박쥐와 같은 허세 가득한 모습을 보입니다. 가오루가 천황의 사위가 되는 것을 시기하여 불만을 품고 투덜거리는 장면은 정말이지 마음에 들지 않습니다.

젊은 사람이 이성에게 마음이 끌리는 것은 당연하다고 세상 사람들이 말하지만, 니오노미야는 도를 넘어 호색적인 행동을 하는 것이 괘씸합니다. 하지만 무라사키노우에의 사랑이 각별했기 때문에 그녀의 사후에 니조인(二條院)을 물려받아 그곳에 살게 되는 것은 실로 감동적입니다.

가오루는 처음부터 끝까지 결점이라고는 전혀 보이지 않고, 아무리 생각해도 훌륭한 사람인 듯합니다. 히카루겐지의 친아들이 아닌 데다 의지가 되지 않는 어머니를 생각하면 그러기 어려운데…. 가령 무라사키노우에의 아들이라면 그럴 수도 있겠습니다만. 모노가타리 중에도, 하물며 현실의 남자 중에도, 예나 지금이나 이런 사람은 매우 드뭅니다"라고 답한다.

그러자 또 다른 뇨보가 "그건 그렇지만, 가까운 여인들과의 관계에서 지나치게 성실한 점을 보면 좀 뒤떨어지는 인물이 아닐까요? 우키후네와 나카노키미가 니오노미야에 비해 가오루에게 매력을 덜 느끼는 것은 유감스럽습니다"라고 묻는다.

그러자 "그것은 가오루의 허물이 되지 않습니다. 오히려 이성에 쉽게 흔들리는 우키후네의 마음이 좋지 않았기 때문입니다. 반면 나카노키미는 고상한 성품이기에 가오루와 니오노미야 양쪽 모두를 '향내 나는 벚꽃에 향기로운 매화꽃'[22]이라며 더할 나위 없이 뛰어나다고 한 것 같습니다"라고 말한다.

22 가오루와 니오노미야가 둘 다 뛰어남을 말하는 것인가. 이 문장 전체의 뜻이 다소 애매하다.

15. 깊은 정취가 느껴지는 대목

또 이야기를 듣던 젊은 뇨보가 "모노가타리 속 인물은 이제 대충 알겠습니다. 다음은 정취 깊고 멋지고 마음속에 젖어들어 감동을 주는 대목에 관해 말씀해주세요"라고 말한다. 이에 "꽤나 귀찮은 욕심꾸러기로군요"라며 웃는다.

"깊은 정취가 느껴지는 대목은 기리쓰보 갱의가 죽었을 때 기리쓰보 천황이 슬픔에 젖는 장면입니다. 「장한가(長恨歌)」에 나오는 여주인공도 사람들의 상상에는 한계가 있기 때문에 도저히 다 그려낼 수 없었겠지요. 기리쓰보 갱의의 경우도 억새가 바람에 나부끼는 모습보다 더 연약하고, 패랭이꽃이 이슬에 젖은 것보다 더 애처롭고 친근감이 느껴지는 모습으로, 어느 꽃의 빛깔에도 어느 새소리에도 비할 데가 없습니다.

혼 찾아가는 환술사가 있으면 전하련만
그 넋이 머무는 곳 어디인가 알 수 있도록

이라 와카를 읊으며, 기리쓰보 천황이 등불 심지가 다 타들어가도록 잠들지 못하고 시름에 잠겨 계신다는 대목이 있습니다. 그것만으로도 나머지 육십 권은 모두 얼마나 뛰어날지 짐작이 됩니다.

또 유가오가 죽은 대목도 그렇습니다. 하늘이 흐리고 바람이 차갑게 불 때 히카루겐지는 깊은 시름에 잠겨,

사랑했던 이 연기로 피어오르니 구름이런가
바라보는 저녁 하늘 그리울 뿐이로다

라 와카를 읊고 '실로 기나긴 밤'[23]이라며 백거이(白居易)의 시를 읊조리는 대목도 정취가 깊습니다.

아오이노우에가 죽은 대목도 정말이지 정취가 깊습니다. 장송이 치러진 밤 부친 좌대신(左大臣)이 딸의 죽음을 애달파하는 모습을 보면 실로 가슴이 먹먹해집니다. 히카루겐지가 잿빛 상복을 입으며, '만약 자신이 먼저 이 세상을 떠났다면 아오이노우에는 상복을 더 짙은 빛깔로 물들였겠지' 하는 생각에,

법도가 있어 몸에 걸치는 상복 빛깔 옅어도
슬픔에 겨운 눈물에 소맷자락 짙어지네

---

23 『백씨문집(白氏文集)』 권19 「문야침(聞夜砧)」의 한 구절 '팔월 구월 실로 기나긴 밤 천번 만번 그 소리 그칠 줄 모르네(八月九月正長夜 千聲萬聲無了時)'이다. 히카루겐지는 예전에 유가오 집에 묵었을 때 들었던 다듬이질 소리를 그리워하며 읊조렸다.

라고 와카를 읊은 구절. 또 바람이 거칠게 불고 초겨울비가 부슬부슬 내리니 눈물과 빗물이 서로 다투어 내리는 듯하여, '비가 될 것인가 구름이 될 것인가 지금은 알지 못하니'[24]라 혼잣말을 했습니다. 두중장이 찾아오자,

> 사랑하는 이를 태운 연기가 저 하늘의 비 되고 구름 되었는가
>
> 겨울비로 어두워진 하늘, 눈물 흘리며 지내는 건 나뿐이 아니구나

라고 히카루겐지가 와카를 읊은 대목.

또 아오이노우에가 귀여워하던 여동이 겉옷을 평소보다 짙은 잿빛으로 물들이고 몹시 풀이 죽어 눈물지으며 시중드는 모습을, 히카루겐지는 더욱 가슴 아프게 여깁니다. 살아생전 그녀가 각별히 아끼던 여동인지라 '앞으로는 나를 주인이라고 생각해도 좋다'며 위로하자, 히카루겐지 앞에서 슬피 우는 대목 등은 절절하게 마음을 파고듭니다. 탈상 후 히카루겐지도 좌대신 댁을 떠나고 아오이노우에를 평소 모시던 뇨보들이 각자 자신들의 친가로 돌아가며 서로 이별을 아쉬워하는 장면은 너무나 정취 깊습니다. 또 히카루겐지가 쓴 습자를 아오이노우에의 부친인 좌대신이 보고 우는 장면도 모두

---

24 애인과의 사별을 슬퍼하며 노래한 당나라 유우석(劉禹錫) 시의 한 구절이다.

애절함이 깊이 느껴지는 대목입니다.

　스마로 퇴거할 때의 이별 장면도 그렇습니다. 죽은 아오이노우에가 살던 좌대신 댁에 작별인사를 드리러 가서,

　　도리베 산(鳥邊山)에 피어오른 연기 같을까 하는 마음에
　　소금 만드는 포구 찾아 스마로 갑니다

라 와카를 읊은 대목. 또 히카루겐지가 머리 매무새를 만지려 경대를 보니 자신의 매우 야윈 얼굴과 모습이 아름다워 가슴이 아파, '이 거울에 비치는 모습처럼 야위었습니까'라며,

　　이 몸 이렇게 멀리 떠돌아도
　　당신 곁을 지키는 거울처럼 내 그림자 그대로

라는 와카를 읊었습니다. 그러자 무라사키노우에가 눈물을 가득 머금고 이쪽을 보며,

　　헤어져도 당신 말씀처럼 모습이 남아 있다면
　　거울 들여다보고 위안이 될 터이지만

이라 와카를 나눈 장면. 또 시모가모 신사(下鴨神社) 근처에서 신에게 하직을 고하는 장면에서,

> 덧없는 세상 떠나 멀리 갑니다
> 뒤에 남겨질 평판은 다다스 숲(糺の森)의 신에게 맡겨두고

라 읊은 와카. 그렇지만 떠나는 날 새벽 무라사키노우에가,

> 아깝지 않은 이 내 목숨과 바꿔
> 헤어짐을 잠시라도 멈추게 하고 싶구나

라 읊은 와카는 별로입니다.[25] 그다지 뛰어난 사람으로 꼽히지 않는 하나치루사토조차,

> 달그림자 머무는 이 소매는 좁을지라도
> 담아두고 보고파라 질리지 않는 그 빛을

이라 와카를 읊었거늘. 또 히카루겐지가 스마 포구에 도착하여 물

---

25 '목숨과 바꿔(命に換へて)'라는 감정적이고 직접적인 표현을 사용한 것을 비난한 듯하다.

가에 밀려든 파도가 빠져나가는 것을 보고, '부럽구나'[26]라는 옛 와카를 읊조리며 '바라보는 하늘은 같은 하늘이건만'이라 말한 대목. 또한 여러 상념에 빠지게 하는 가을바람이 불 때였습니다. 사실 바다는 조금 멀지만, 히카루겐지는 아리와라노 유키히라(在原行平)가 '관문 넘어가는'[27]이라 읊은 그 포구의 파도소리가 상당히 가까이 들리자,

포구의 파도 소리 그리움에 우는 소리 같구나

님 계신 도읍 쪽에서 바람 불어서인가

라는 와카를 읊었습니다. 8월 15일 밤 궁중에서 행하던 관현 놀이가 떠올라 여기저기서 달을 바라보던 옛날이 그리워졌을 때, 그저 달만 지그시 바라보며 '이천 리 밖에 있는 벗을 그리워하는 마음'[28]이라는 백거이의 시구를 읊조리는 장면은 깊은 정취가 느껴집니다. 자신전(紫宸殿) 앞뜰의 벚꽃은 한창이겠지, 작년 궁중에서 열린 벚꽃놀

26 『이세 모노가타리(伊勢物語)』에 나오는 '흘러 지나가버리는 것이 몹시 그리운데 부럽구나 되돌아가는 파도'라는 와카를 말한다.
27 『쇼쿠코킨와카슈(續古今和歌集)』에 나오는 '나그네 소매가 서늘해졌구나 관문 넘어가는 스마 포구의 바람 때문에'라는 와카를 말한다.
28 『백씨문집』 권14 「8월 15일 밤 궁중에서 홀로 달을 보며 벗을 그리워하는 시」의 한 구절 '십오일 밤 환히 비추는 달빛 이천 리 밖에 있는 벗을 그리워하는 마음'에 해당한다.

이 연회에서의 기리쓰보 상황과 스자쿠 천황의 모습이 떠올라,

늘 궁에 계신 분들이 그리운데
관모에 벚꽃 꽂고 즐기던 봄날의 아침 다시 왔구나

라 읊은 대목. 또 두중장이 스마에 왔다가 헤어지기 아쉽다며 와카를 읊고 한시를 지어 서로 주고받는 대목도 정취가 깊습니다.
　아카시에 있는 히카루겐지가 니조인에 있는 무라사키노우에에게 여느 때보다도 소상히 편지를 보내기를,

미안한 마음 눈물만 쏟아지네 한때의 정분
해변가 생활의 일시적 위안일 뿐

그에 대해 무라사키노우에가,

의심 없이 잘도 믿었구나
약조했으니 절대 두 마음을 갖지 않으리라고

라는 답가를 보내는 장면이야말로 참으로 애잔합니다.
　또한 우위문독 가시와기가 숨을 거두는 장면이야말로 가련하고

애처롭습니다. 온나산노미야에게 편지를 쓰려 하나, 손이 후들거려 생각하는 바를 다 적지 못합니다.

이승을 뒤로 한 채 화장터 연기되나
올라가지 못한 연기처럼 포기 못한 사랑의 불씨 계속 남을까

라는 와카와 함께, '불쌍하다는 말이라도 해주십시오. 마음을 떨쳐 내지 못하고 헤매는 이 내 마음속 어두운 길을 비추는 빛으로 삼겠습니다'라 편지를 보냅니다. 온나산노미야는 그에 대한 답가로,

당신과 함께 연기로 사라질까요
누가 더 괴로운지 상념의 연기가 어느 쪽이 더 심한지

라 읊고 '나의 괴로움이 당신보다 덜하겠습니까'라 말하니, 정말이지 얄밉습니다. 또한 가시와기의 부친이 이런저런 이야기를 하면서 하늘을 올려다보고 멍하니 상념에 빠져 있는데, 해 질 녘 구름이 짙은 쥐색으로 흐려지고 꽃이 떨어진 가지 끝이 오늘에서야 비로소 눈에 들어와,

가지에 맺힌 눈물 같은 물방울

자식 앞세우고 입은 상복처럼 짙은 안개옷 입은 봄인가

라 읊은 대목이 몹시 애처롭습니다.

한편 무라사키노우에의 죽음이 그려진 장면은 말할 필요도 없습니다. 숨을 거둔 채 누워 있는 모습을 살짝 엿본 유기리가,

지난 가을밤 몰래 본 그 모습 눈에 선한데
이게 마지막이라니 새벽녘 꿈인가

라 읊은 것은 태풍으로 어수선한 와중에 우연히 본 무라사키노우에의 옛 모습을 회상한 것이겠지요. 「마보로시」권에서 한 뇨보가 '눈이 정말 많이 내렸구나'라 하니, 이 말을 들은 히카루겐지가 이전에 온나산노미야와의 혼인으로 무라사키노우에의 마음을 아프게 했던 눈 오는 겨울밤이 마치 어제 일처럼 느껴져 후회스럽고 슬퍼져,

힘든 이 세상 눈처럼 사라지고 싶은데
뜻밖에 내리는 눈처럼 덧없이 세월 가네

라 읊은 대목. 또 히카루겐지가 무라사키노우에의 사후, 그녀가 거처하던 방의 실내 장식이 그저 쓸쓸하고 간소해 보이는 것이 허전

해서,

　　이제 없다고 이리 황폐하게 두어도 괜찮은가
　　고인이 마음 담아 꾸민 봄 저택을

이라 읊은 대목. 또 히카루겐지가 무라사키노우에의 편지를 찢어
경전을 옮기는 종이로 만들려고 하면서,

　　모아둔 편지 다시 보아도 슬프구나
　　그녀를 화장한 연기가 올라간 그 하늘로 연기 되어 가거라

라 읊은 대목 역시 그렇습니다. 이처럼 「마보로시」 권은 모든 장면
장면이 마음에 사무칩니다.
　　또한 우지의 오이기미의 죽음이야말로 너무 애처롭고 슬픕니다.
가오루는 오이기미와 부부 사이가 아니었기에 법도에 따라 상복을
입지 못하고, 그저 그녀를 모시던 사람들이 짙은 상복으로 갈아입
은 모습을 바라보며 와카를 읊었지요.

　　슬프다 하여 피눈물 흘려봤자 소용없네
　　고인을 애도하는 짙은 색으로 물들일 수 없으니

그리고 잠자리에 들어 건너편 벼랑 위 사찰의 종소리에 귀를 기울이며 슬픔에 잠겨, '오늘 하루도 저물었네'[29]라 읊고는 다시 살아 돌아왔으면 하고 생각하는 장면도 애잔합니다. 앞뜰 물가의 바위에 앉아 바로 일어나지도 못하고,

마르지 않고 흐르는 샘물 위에
어찌 고인의 모습 남겨두지 않았을까

라 읊은 대목이야말로 절절히 사무치다 못해 오히려 부러울 정도입니다. 그런 사람이 있다면 곧 죽을 목숨일지언정 멋지지 않겠습니까?"

16. 인상 깊은 대목

또 "인상 깊은 것은 다음 대목입니다. 히카루겐지가 로쿠조미야스도코로의 거처에 은밀히 드나들던 시절, 어느 날 새벽 그를 배웅하던 시녀 주조노키미(中將の君)를 침전 구석의 난간에 잠시 앉혀두고,

---

29   『슈이와카슈』에는 '산사의 해 질 녘 종소리 들릴 때마다 오늘 하루도 저물었네 그리 들려 슬프구나'라는 와카가 있다.

피어나는 꽃에 마음 움직인다 하거늘 세상 평판 신경 쓰면서도
오늘 아침은 꺾지 않고 그냥 지나치기 힘들구나

라는 와카를 읊고는 '어찌하면 좋을까'라며 손을 잡았지요. 그러자 주조노키미는,

아침 안개 개는 것도 기다리지 못하고 돌아가시는 모습 보니
꽃에는 마음 두지 않으시는 듯

이라며, 히카루겐지가 자신에게 읊은 와카를 마치 주인인 로쿠조미야스도코로의 입장인 양 바꾸어 어색한 상황을 무마합니다. 아주 멋진 대목이지요.

　또 사람들 눈을 피해 만나던 어느 여인의 집 앞을 지날 때 히카루겐지는 목소리 좋은 종자를 시켜,

동틀 무렵 안개로 길이 보이지 않는데도
그냥 지나칠 수 없는 당신 집 앞이로군요

라 두 번 정도 와카를 부르게 합니다. 풍류를 아는 시녀가 나와,

안개 속에서도 이 울타리를 그냥 지나치지 않으신다면

닫혀 있는 사립문이 어찌 방해가 되겠습니까

라 대신 답가를 읊는 대목도 있습니다.

또 「하나노엔」 권은 아주 인상적이지요. 오보로즈키요가 '어슴프레한 달밤에 필적할 만한 것은 없네'라 읊조리는 장면을 비롯해서 이 권에는 매우 인상 깊은 장면이 많습니다. 스자쿠 상황이 출가하여 산사에 칩거한 후, 오보로즈키요를 찾아온 히카루겐지가 정말 오랜만의 재회에 어찌할 바 모르며,

당신 때문에 곤경에 빠졌던 일을 잊지도 않았는데

질리지도 않고 다시 이 심연에 몸을 던질 수밖에 없습니다

라는 와카를 읊는 것도 참으로 감동적입니다.

또 로쿠조미야스도코로가 딸 재궁(齋宮)과 함께 이세로 내려가는 대목도 어쩐지 고결하고 인상적입니다. 히카루겐지는,

새벽녘 헤어짐은 언제나 이슬로 젖어있지만

오늘 아침은 더없이 슬프기만 한 가을 하늘이구나

라는 와카를 보내고 나서, '때마침 청귀뚜라미 우는 소리 뭔가 아는 듯하구나'라 말하는 것도 인상적입니다. 이에 로쿠조미야스도코로가 '멀리 이세까지 가는 나를 그 누가 기억이나 할까요[30]라는 답가를 읊는 것도 정취가 있습니다.

그리고 히카루겐지가 스마에 퇴거하여 적적하게 지내는 대목은 아무리 생각해도 인상에 깊이 남지만, 아까 대강 말씀드렸으니 이쯤에서 그만하지요.

한편 도읍으로 돌아온 히카루겐지가 스에쓰무하나의 옛 저택 앞을 지나가다 아무래도 낯익은 나무들이라는 생각에 우차에서 내립니다. 수행하던 고레미쓰(惟光)를 잡초를 헤치고 먼저 들여보냈지요. '풀이 이슬로 축축합니다'라는 말을 듣자, 히카루겐지는 안쓰러운 마음에,

　　내 먼저 찾아 가리 길도 없이 우거진 잡초 속
　　그 옛날과 변함없는 아가씨 마음을

이라는 와카를 읊고 계속 안으로 들어갑니다. 고레미쓰가 앞장서서

30　'스즈카 강(鈴鹿川) 많은 여울 물결에 소맷자락이 젖었는지 안 젖었는지 멀리 이세까지 가는 나를 그 누가 기억이나 할까요'.

이슬을 털고 히카루겐지를 들이는 장면은 얼마나 멋진지, 말로는 이루 다 표현할 수 없습니다.

태풍이 휩쓸고 지나간 아침, 히카루겐지의 심부름으로 유기리가 로쿠조인(六條院)에 거처하는 분들의 안부를 살피는 대목도 인상적이에요. 그중에서도 아키코노무 중궁의 뇨보들은 아주 매력적입니다. 또 아카시노히메기미(明石の姬君)의 방에서 유기리가 벼루와 종이를 빌려 구모이노카리에게 보낼 편지를 쓰는 장면도 굉장합니다. 히메기미의 벼루를 빌리면서까지 편지를 쓰는 모습이 그다지 좋아 보이지는 않지만, 그렇게까지 황송해할 일도 아니라고 유기리는 생각합니다. 구모이노카리를 향한 마음이 강했던 게지요.

> 태풍 불어 구름이 심하게 흐트러진 오늘밤에도
>
> 나에게는 한시도 잊을 수 없는 그대

라고 쓴 편지를 솔새로 묶어 시종에게 주면서 뭔가 전언과 함께 구모이노카리에게 보내는 장면도 멋집니다.

우지의 아가씨들 이야기가 나오는 후반부에도 인상적인 대목이 많이 있지만, 하나하나 들면 너무 장황해지겠지요.

17. 가련한 일

가련한 일은 뭐니뭐니해도 「스마」권에서 히카루겐지가 떠날 때 무라사키노우에가 보인 모습입니다.

또 「오토메(少女)」권에서 겨우 6위 정도의 남자와 결혼하게 된 운명을 한탄스러워하며 '저 구름 위 기러기도 내 신세 같구나'라고 혼잣말하는 구모이노카리의 모습을 보고,[31] 유기리가 '시종 없는가, 여기 좀 열어주시게'라고 말하는 대목이 가련합니다.

또 「와카나」권에서 무라사키노우에는 발걸음이 뜸해진 히카루겐지 때문에 눈물로 밤을 지새웁니다. 그러던 어느 새벽녘 홀로 잠 못 이루고 있던 무라사키노우에의 처소에 히카루겐지가 찾아와 문을 두드리지만, 잠든 척하며 열어주지 않는 대목도 가련합니다.

또 우지의 나카노키미가 가오루 대장을 처음으로,[32]

헤치고 온 보람도 없이 길가에는 이슬이 많고

그 옛날이 생각나는 가을 하늘이구나

---

31 『겐지 모노가타리』 본문에서는 구모이노카리의 운명을 한탄하는 것은 유모의 말로, 이어지는 구모이노카리의 독백과는 직접적인 관계가 없다.

32 문장이 약간 누락된 것으로 보인다. 이어지는 와카는 가오루가 읊은 것이다. 가오루는 나카노키미를 찾아와 하룻밤을 보내지만 결국 관계를 맺지 못하고 돌아갔는데, 남편 니오노미야는 둘의 관계를 의심하게 된다.

라는 와카를 전하고 돌아간 아침, 니오노미야가 와서 가오루의 향기가 남아 있는 것을 책망했지요. 나카노키미가 아무런 대답을 하지 않는 것이 더욱 못마땅하여 니오노미야는,

다른 이가 소맷자락에 남긴 향내를
내게 스미게 하다니 당신이 원망스럽소

라고 읊었습니다. 그러자 나카노키미는,

익숙한 옷처럼 믿고 의지했는데
고작 이 정도 일로 부부 사이에 금이 가다니

라며 울었습니다. 아무리 생각해도 정말 딱하지요.

18. 불쾌한 일

불쾌한 일은 히카루겐지가 무라사키노우에를 스마에 데려가지 않은 것도 그러하지만, 아카시노키미와 연을 맺고, 더구나 묻지도 않았건만 그녀와의 일을 스스로 먼저 고백한 것. 또 귀경 후에 무라

사키노우에가 '포구에서 멀리 노 저어가는 배'[33]라 읊으며 히카루겐지를 원망하는데, 그런 그녀에게 아카시노키미의 편지 겉면만을 슬쩍 보여준 것.

또 히카루겐지가 스마에서 그린 자신의 그림일기 두 권을 꼭꼭 숨겨두고 있다가 궁정에서 그림 경합이 열리자 비로소 꺼내 공개한 것. 또 무라사키노우에가,

> 홀로 시름에 잠겨있기보다는
> 어부가 사는 해변을 그린 이 그림을 보았어야 했네

라 와카를 읊으며 '그랬다면 허전함을 달랠 수 있었을 텐데'라 말하는 대목이 특히 불쾌합니다. 이것은 가련한 일에도 들어갈 수 있을 겁니다.

또 히카루겐지가 온나산노미야를 부인으로 맞이해서 무라사키노우에를 시름에 잠기게 한 것.

정월 초하루 히카루겐지가 인사차 여러 여인들을 방문하고는 '신년 초부터 이러면 시끄러워져 곤란한데'라고 꺼리면서도 그대로 아

---

33 『신코킨와카슈(新古今和歌集)』에 '구마노 포구에서 멀리 노 저어가는 배처럼 당신은 나를 먼 곳에 둔 것이지요'라는 와카가 있다.

카시노키미의 처소에 머물렀던 것.

두중장의 경우, 히카루겐지와 사이가 껄끄러워진 것.

다마카즈라가 히게쿠로 대장의 정처가 된 것.

「유기리」권에 오치바노미야의 어머니가 죽음을 앞두고 유기리에게,

마타리꽃 시드는 들판을

어디라 생각하고 하룻밤만 묵어간 걸까요

라고 써 보낸 편지를 구모이노카리가 감추고는 곧바로 답을 하지
못하게 한 것.

또 유기리가 결국에는 오치바노미야를 맞이해서 부인으로 삼은
것도 불쾌합니다.”

19. 놀라 질겁한 일

“놀라 질겁한 일은 유가오가 귀신에 홀려 죽은 것.

히카루겐지가 소나기 내리던 밤, 오보로즈키요의 처소에서 늦게
까지 지내다가 그녀의 부친 우대신(右大臣)에게 들켜버린 것.

온나산노미야가 가시와기에게 받은 편지를 히카루겐지에게 들켜
버린 것.

우키후네가 실종된 것도 놀라 질겁할 일입니다. 차라리 제대로 몸을 던졌더라면 좋았을 것을, 귀신에 사로잡힌 채 결국 하세(初瀨) 참배를 다녀오던 사람들에게 발견되는 대목이야말로 꺼림칙합니다"라고 말하였다.

그리고는 "책을 직접 마주하고서야 비로소 멋진 일, 감동적인 일도 생각나는 겁니다. 이렇게 책을 보지 않고 기억나는 대로 말씀드리는 것은 정말이지 송구스럽습니다. 조만간 차분히 읽어보고 말씀드리겠습니다. 이것은 단지 일부분이라 실로 어설프니 듣지 않는 편이 좋았을 겁니다"라고 말한다.

20. 사고로모 모노가타리

또 "모노가타리 중에서 멋진 작품이든 마음에 들지 않는 작품이든 뭐든 말해주세요"라고 말하였다.

"그것도 책을 보지 않고서는…"이라 삼가면서, "『사고로모 모노가타리(狹衣物語)』[34]야말로 『겐지 모노가타리』에 이어 세상의 평판이 높습니다. 모노가타리의 시작에 '소년의 봄은…'이라고 시작되는

---

34 전 4권. 11세기 후반 성립으로 추정되며, 작자는 확실하지는 않지만 바이시 내친왕(祺子 內親王)을 섬겼던 뇨보 센지(宣旨)라는 설이 유력하다. 사고로모 대장을 주인공으로 한 상류사회의 연애 이야기이다.

부분부터 말투가 어딘지 부드럽고 멋지며 귀족적인 느낌이 듭니다. 하지만 어딘가 특별히 마음에 사무치는 대목은 그다지 보이지 않습니다. 더욱이 그러지 않았으면 좋았다는 생각이 드는 대목이 꽤 많습니다.

21. 인물론

이치조인(一條院) 황녀[35]는 마음 씀씀이와 용모에 귀여운 구석은 없지만 매우 고상하고 기품 있는 사람입니다. 모노가타리에 이런 유형의 인물이 등장하면 대체로 어찌할 바를 모르고 남자에 빠지거나 그렇지 않으면 보통은 불도 수행에 정진하는데, 이 인물은 아주 괜찮습니다.

온나니노미야(女二の宮)[36]가 출가를 한 것은 매우 잘한 일입니다. 사고로모 대장과 이치조인 황녀가 결혼을 하게 된 후에 사고모로 대장이,

---

35　이치조인 황녀는 사촌인 사고로모 대장과 결혼하여 정처가 되었으나 부부 사이는 원만하지 못하였다.
36　온나니노미야는 사고로모 대장과 원치 않은 연을 맺고 아들을 출산하였으나, 사고로모의 우유부단하고 불성실한 태도에 절망하여 출가한다.

생각조차 못했습니다 황폐한 저택 지나쳐서

다른 그곳에서 인연 맺으리라고는

이라 읊으니,

머물던 곳 띠 무성하게 자라 황폐하니

벌레 울음소리 들리는구나 그런 쓸쓸한 가을이 될 테지

라며, 지금은 마음 써준 것에 감사할 뿐이라고 딸 온나니노미야를 대신하여 부친 사가노인(嵯峨院)이 답한 것도 운치가 있습니다.

온나니노미야의 어머니인 오미야(大宮)의 죽음은 정말이지 애절합니다. 자기 딸이 누군지도 모르는 남자의 자식을 낳는 것을 어느 누가 괴로워하지 않겠습니까마는, 그 때문에 목숨까지 잃을 정도로 번민한 것이 매우 안타깝습니다.

하늘 높이 자라길 기원하네 씨 뿌린 이도 돌보지 않는

봉우리에 선 어린 소나무여

라 읊은 와카는 실로 슬픕니다. 온나니노미야가 조금도 주저하지 않고 출가해버린 것도 어찌 보면 당연합니다.

겐지노미야(源氏の宮)[37]야말로 꽤나 훌륭한 사람으로 보입니다만, 그렇게까지 역성을 들고 싶지는 않습니다. 자고로 사람은 약간 시름에 잠겨 있는 편이 동정이 갑니다.

미치시바(道芝)[38]는 정말이지 가련합니다. '내일은 강물 깊어져'[39]라 읊은 와카를 비롯하여,

하늘 문을 주저하며 나갔다고
새벽닭아 그분이 물으시면 답해주려무나

라 읊은 와카도 애절합니다. 물에 빠져 죽으려 할 때,

세찬 여울에 몸 던져 강바닥에 누워 있다고
부채 바람아 그분에게 전해주렴

이라 읊은 것도 가련합니다.

---

37 겐지노미야는 죽은 천황의 황녀로, 일찍이 양친을 여의고 숙모인 사고로모의 어머니에게 양육된다. 사고로모를 연모하지만 재원(齋院)이 된다.
38 미치시바는 소치 중납언의 딸로, 닌나지(仁和寺)의 승려에게 유괴되었다가 사고로모에게 구출되어 장래를 약속한다. 이후 유모에게 속아 규슈로 가는 도중에 투신을 시도하나, 목숨을 구하고 비구니가 된다. 도읍 근처의 도키와(常磐)에 은거하지만, 사고로모는 행방을 모른다.
39 '물이 불어나면 건널 수 있겠지 아스카 강 내일은 강물 깊어져 당신이 오셨으면'.

또 도키와(常磐)에서 쓴 그림일기 등의 습자도 인상적입니다. 사고로모 같은 남자에게 그렇게 깊은 사랑을 받은 일은 멋지지만, 처음에 구출되던 때 닌나지(仁和寺)의 승려와 수레를 같이 타고 있었던 점은 정말이지 한심하고 마음에 들지 않습니다. 또 나중에 규슈(九州)로 가는 것이야말로, 물론 자신이 원한 것은 아니더라도 하고 많은 사람 중에 하필 사고로모를 모시던 부하에게 이끌려 가는 대목에 이르면 딱하게 여기던 마음도 가실 정도입니다. 아무튼 가련한 운명입니다. 만약 그런 운명이었다면 차라리 잠시 목숨이라도 보전하여 사고로모의 깊은 사랑을 믿었더라면 좋았을 것을. 어쨌든 정말이지 가혹한 운명입니다.

22. 그럴듯하지 않은 것

황당무계한 것들. 사고로모 대장이 부는 피리소리에 탄복하여 천인이 하늘에서 내려온 것. 고카와데라(粉河寺)에서 보현보살이 현화한 것. 호리카와 관백(堀川關白)의 꿈속에서 겐지노미야의 처소에 가모 대명신(賀茂大明神)이 연서를 보낸 것. 아무리 꿈이라는 것이 다 그렇다 한들 너무나도 영험을 적나라하게 드러냈습니다. 사고로모가 겐지노미야 앞에서 거문고를 연주할 때 재원의 신전이 쩡쩡 울렸다는 것도 그렇습니다.

무엇보다도 사고로모 대장이 천황이 된 것. 아무리 생각해봐도 개탄스럽고 어이가 없습니다. 훌륭한 사람, 학식이나 재능이 뛰어난 사람이 이 세상에 있기야 하겠지만, 그 때문에 대지가 여섯 차례나 진동할 리 있겠습니까?[40] 정말이지 황당하고 진실성이 없는 일들입니다. 물론 히카루겐지가 준태상천황(准太上天皇)이 된 것도 이상한 일입니다. 그렇지만 히카루겐지의 경우는 본래 천황의 아들인데다 레이제이 천황이 히카루겐지가 친부라는 사실을 재위 중에 알고 선위하려 한 것이니 그리 큰 결점은 아닙니다. 태상천황에 준하는 지위를 신하가 받은 예는 있지만, 『사고로모 모노가타리』의 경우는 현실과 동떨어진 내용으로 『겐지 모노가타리』를 흉내 내어 썼기 때문에 무척이나 보기 거북합니다. 사고로모는 천황의 아들도 아닙니다. 천황의 손자이고, 이미 아버지 대부터 신하로서 성을 하사 받았기에 아주 비현실적입니다. 아무리 사려분별이 없는 여자가 쓴 것이라고는 하나 아주 실망스럽습니다. 사고로모의 아버지까지 상황(上皇)이 되어 호리카와인(堀川院)이라고 했다지요. 본디 모노가타리란 어느 것이나 사실이 아니라고들 합니다만, 이 작품은 좀 심합니다.

---

40 '육종진동(六種振動)'이라고도 하여 『법화경』에 보이는 말이다. 불교에서 말하는 여섯 가지의 상서로운 조짐 중 하나이다.

23. 요루노 네자메

『요루노 네자메(夜の寝覺, 잠 못 이루는 밤)』[41]야말로 이렇다 하게 눈에 띄는 점도, 또 어디 괜찮다고 할 만한 점도 없습니다. 다만 처음부터 그저 여주인공 한 사람의 일을 좇아 다른 일에 관심을 돌리지 않고 차분하고 정취 있게 공들여 지은 듯합니다. 이 점을 생각하면 절실히 가슴에 와 닿는 보기 드문 작품입니다.

24. 여러 가지 논

어디 조금이라도 마음이 편안해지는 대목이 있던가요? 이러저러한 일로 마음 졸이는 가운데 특히 애절하게 느껴지는 대목은 남자가 힘들게 찾아 구애한 여인이 실은 다른 사람이었다는 사실을 알고 동요하는 모습입니다. 기막힐 노릇이지요. 그런데 하물며 그렇게 만난 여인이,

---

41   작자는 『사라시나 일기(更級日記)』를 쓴 스가와라노 다카스에(菅原孝標)의 딸이라고 전해진다. 현존본은 5권이지만 현전하지 않는 부분이 많아 본래 20권 정도였다고 추정된다. 관백 좌대신의 아들 중납언과 그의 처제인 나카노키미를 중심으로 한 연애 이야기이다. 제목 '요루노 네자메(夜の寝覺)'는 '잠 못 이루는 밤'이라는 뜻이며, 여주인공 나카노키미가 결혼한 후 '네자메노우에(寝覺の上)'라 불리는 것과 관련이 있는 듯하다.

당신이 찾는 분은 지금 만나는 분의 동생

　　같은 저택에 사는 걸 모르셨나요

라는 와카를 통해 모든 사실을 밝힙니다. 이를 들은 남자의 마음은
오죽했을까요.

　　또한 남자와의 관계가 알려져 나카노키미가 언니 집에서 나와 아
버지가 사는 히로사와(廣澤)로 가려 할 때,

　　늘 사이좋게 함께 지내온 우리

　　이런 이별 한 번도 생각해본 적 없네

라 읊는 장면이 애절합니다.

　　눈 내리는 밤, 남자가 히로사와에 왔다가 나카노키미를 만나지
못하고 허무하게 되돌아가는 것을 불쌍히 여긴 뇨보가,

　　다시 볼 기회 기다리지 않고

　　이게 마지막이라 단념해버리는 겨울밤 달입니까

라 위로하자, 남자가 답하기를,

오늘밤마저 저토록 떨어져 있는 달입니다

다시 만날 밤을 기대할 수 있겠습니까

라 읊었습니다. 그러던 차에 때마침 나카노키미에게 마음이 있어 찾아온 식부경궁 중장을 보고 남자가 둘 사이에 뭔가 있는 게 아닌지 의심하는 대목도 안쓰럽습니다.

또한 나카노키미가 늙은 관백에게 시집가는 날이 다가왔는데, 어쩔 수 없이 남자와 대면하게 되는 장면. 남자가 둘 사이의 딸에 대해 말하자, 민망해하며 옷 속에 얼굴을 파묻은 채 고개를 끄덕이는 장면이야말로 정말 불쌍하게 느껴집니다. 계속 그렇게 있을 수만도 없어 새벽녘에 나카노키미의 방에서 나오는 남자의 모습도 그렇습니다.

그리고 관백의 저택으로 옮기고 나서 우울해하는 나카노키미를 더 이상 달래주기 힘들어진 관백이 히로사와에 가서 나카노키미의 부친에게 한탄하는 대목. 나카노키미의 부친도 마음이 불편하여 이복오빠인 재상중장(宰相中將)을 사자로 보내 나무랍니다. 나카노키미는 얼굴을 들고 가만히 들으면서 아무 말도 하지 못합니다. 몹시 불안한 듯 대답도 못하고 얼버무리며 소매로 얼굴을 가리고 있는 모습이 참으로 불쌍합니다.

대장(大將)이 된 남자가 온나이치노미야(女一宮)를 만나자, 나카노

키미의 언니인 오이기미가,

끊어질 듯한 인연을 대신하여

오늘 이 목숨 내놓아도 아깝지 않습니다

라며 눈물을 멈추지 못하는 모습이 가엽습니다.

우위문독이 된 식부경궁이 찾아와,

언제나 꿈에서 깨기 힘든 무상한 세상이라지만

여태껏 이토록 괴로운 꿈 꾼 적 없네

라 읊으며 나카노키미의 죽음을 애도합니다.[42] 나카노키미의 아들

마사코가 답가로,

잠깐이라도 생각한 적 없나요

한순간에 이런 꿈길에서 헤매리라고

42   상세한 내용은 불명확하다. 천황의 구애까지 받은 나카노키미가 죽음을 위장하여 몸을 숨
기는데, 이 죽음을 사실로 믿은 식부경궁이 조문을 온 듯하다.

라 읊는 대목도 불쌍합니다.

　또한 우위문독이 출가한다는 소식을 들은 마사코가,

　　괴로운 꿈에서 벗어나는 것이 출가라지만
　　정말로 출가한다고 하니 그 역시 꿈만 같습니다

라 읊는 모습은 몹시 애처롭습니다.

　무엇보다 마음을 끄는 것은 마사코와 온나산노미야의 관계입니다. 레이제이 상황(冷泉院)의 문책을 받아 난처한 마사코가 온나산노미야의 시녀인 중납언을 만나,

　　심한 폭풍 버티지 못하고 쓰러진 띠 위의 이슬
　　그처럼 사라질 것 같다 전해주게나

라 읊으니, 중납언이,

　　폭풍을 만난 띠 잎끝에 맺힌 이슬처럼
　　사라져버린다 해도 어찌 잊을까요

라 답가를 읊은 장면.

그러다 일이 잘 풀려 마사코가 온나산노미야를 다시 찾아가,

　산목숨 어찌 버리려 하였소
　살아 있으니 이런 저녁을 함께 하는 날도 있는데

라 읊으니, 온나산노미야가,

　아직 숨 쉬는 이 몸이 원망스럽기만 하네
　살아 있으면 언제 또 괴로운 일 있을지

라 답가를 읊은 장면은 정말이지 훌륭하고 가엾게 여겨집니다.

25. 훌륭한 사람

　온나이치노미야는 마음씨와 용모가 훌륭합니다.
　부정한 관계를 맺게 되는 나카노키미의 운명이야말로 안타깝기는 해도,[43] 그녀의 마음 씀씀이는 참 좋지요. 그토록 인연이 깊고 서로 연모하면서도 언니를 배려하여 '남자가 보내는 편지에 절대 답장

43　정체를 모르고 연을 맺은 남자가 후에 언니의 남편이 된 것을 말한다.

을 하지 말아야지'라고 결심합니다. 그녀의 본심은 아니었을 테지요. 그러던 차에 관백의 저택으로 옮긴 후에 더할 나위 없이 진실한 남자의 모습을 보게 되자 참기 어려워 때때마다 오는 편지에 어쩔 수 없이 연서가 아닌 듯 얼버무린 답장을 보내곤 합니다. '평소 깊은 애정을 담아 제대로 편지를 주고받았더라면 만약 이 관계가 끊어졌을 때 얼마나 안타까울까'라고 뼈저리게 느끼는 것도 당연합니다.

하지만 점차 관백과 서먹함이 사라지고 언니와의 관계도 좋아지고 나서는 남자에게 다시 편지를 보내기 힘들다고 생각하는 것도 그럴 만합니다. 나카노키미의 부친이 관백에게 딸과의 결혼을 승낙했을 무렵, 남자는 나카노키미를 데리고 나와 숨어버리겠다고 온갖 말을 하며 안절부절못하고 애태웠지요. 그때 나카노키미는 몸이 갈기갈기 찢어지고 숨이 끊어질 듯한데도 마음을 다잡고 남자의 말에 따르지 않았습니다. 자기를 위해서나 상대를 위해서나 세상이 시끄럽지 않게 조용히 처신하는 것을 보면 참으로 사려 깊은 여인이라는 생각이 듭니다. 언니를 모시던 유모와 이복오빠인 좌위문독 같은 이들이 나카노키미에게 했던 못된 말들을 생각하면, 앞으로의 평판이나 언니에 대한 미안한 마음에 부끄럽다고 그렇게까지 위축될 필요는 없지 않았을까?"라고 말한다.

이에 다른 뇨보가 "나카노키미는 무슨 일에나 사려 깊은 사람인 듯하다고 말씀하시는군요. 하지만 상대가 자신에게 푹 빠져 있을 때는 고집부리며 말을 듣지 않다가 상대가 마음을 접으려 하면 애잔한 모습을 보이는 것 같습니다. 남자가 읊기를,

여기까지라며 마음 끊어도
어찌 눈물은 끊이지 않는 걸까

라 했는데도 나카노키미는,

당신은 이제 끝이라 단념하시는군요
이제부터는 저 혼자 시름에 잠겨 지내겠지요

라 읊었습니다. 양쪽 다 한층 애잔한 마음을 더하려고 한 것이겠지요"라고 말한다.

그러자 "그런 건 아닙니다. 나카노키미는 그저 남자를 너무 깊이 연모했을 뿐이지요. 남녀 관계의 괴로움을 비로소 알게 된 두 사람의 첫 만남부터 여러 가지로 인연이 깊었던지라 당연하다고는 해도, 그러나 나카노키미로서는 남자가 특히 원망스러운 사람이기도 한 게지요. 그 점을 조금도 이해하지 못하는군요"라고 말하는 뇨보도 있다.

또 "재상중장이라는 사람이 아주 훌륭해요. 큰 오빠 좌위문독이

관백의 편지를 들고 와서 '오늘 중으로 답장을 보내거라'라며 나카
노키미 쪽으로 자꾸 다가앉으며 재촉하는데, 작은 오빠인 재상중장
이 '오늘 꼭 답장을 보내지 않아도'라며 딱 잘라 말해주는 대목은 다
시 읽어도 좋습니다. 이 일만이 아니라 무슨 일에나 진중하고 엽렵
한 사람입니다.

26. 얄미운 것

얄미운 것은 좌위문독과 언니를 모시던 유모의 말투이지요. 그리
고 오미야(大宮)[44]의 고약한 마음씨도 도가 지나쳐 얄밉습니다.
또 황후와 동궁이 그 지위에 올랐을 때,[45] 나카노키미가 무릎걸음
으로 나와,

뜬눈으로 밤 지새우던 옛일도 다 잊힐 만큼

여기 오늘 한자리에 모이니 뿌듯하구나

---

44   온나이치노미야의 모친으로, 딸을 위해 사위와 나카노키미 사이를 갈라놓으려고 여러모
로 계략을 꾸몄다.
45   황후는 나카노키미와 남자 사이에서 태어난 이시야마노히메기미를 가리키는 것으로 보인
다. 동궁은 관백의 전처의 딸이 낳은 레이제이 천황의 황자로, 나카노키미에게는 손주가 된
다. 레이제이 천황이 퇴위하고 동궁이 즉위함에 따라 그때까지 동궁의 비였던 이시야마노
히메기미가 황후의 자리에 오른다. 이처럼 나카노키미 주변에 경사가 계속된다는 기술이
현재 전하지 않는 결권부에 있었던 것 같다.

라 읊은 대목은 정말이지 얄밉습니다.[46]

또 남자가 '내 탓이라 여기시오 결국 이루어지지 못한 우리 운명을'이라 하자, 대장의 부인이[47] 무릎걸음으로 와서,

무사시 들판(武蔵野)의 인연만은 아니겠지
이리도 가지가 무성한 것은 역시 운명일 테지

라는 와카를 읊는 대목도 정말이지 얄밉습니다.[48]

또 우위문독의 부인이[49] '나카노키미가 정말 얄미워'라고 말한 것을, 그도 그럴 만하다고 남자가 생각하는 것도 부끄러운 일이지요.

또 나카노키미가 실종되고 나서 우위문독이 출가하자, 종국에는 우위문독의 부인이 남자의 애인이 되어 다이노키미(對の君)라 불리며 아이들을 키우는 모습도 마음에 들지 않습니다. 심지어 거리낌 없이 탓하고 원망하는 모습은 정말 얄밉습니다. 부친인 관백이 각

---

46   결말에 보이는 여주인공의 행복이 어째서 독자의 입장에서 불만스러운지는 분명치 않다. 오히려 여주인공의 불행이 계속되기를 기대하는 것일까.

47   여기서 대장이 누구인지는 확실하지 않다. 남자의 동생인 삼위중장이 나중에는 대장이 되므로 이 사람을 대장으로 본다면 그 부인은 관백의 셋째 딸이다.

48   와카의 '가지가 무성한 것'이라는 표현은 일가의 번영을 뜻한다.

49   우위문독은 앞에서 나온 식부경궁으로, 그 부인이라 하면 관백의 둘째 딸에 해당한다. 남몰래 나카노키미를 사모했던 식부경궁은 관백의 둘째 딸을 나카노키미로 착각하고 결혼하고 만다. 결국 식부경궁의 부인이 되기는 했으나, 원래는 동궁의 비로 기대될 만큼 뛰어난 여성이었기에 결혼 후의 삶은 행복하지 못했다.

별히 애지중지 키워 인품도 훌륭했거늘 그리 되고 말다니, 어이없고 너무 의외입니다. 안타까운 운명이지요.

또 남자야말로 얄미운 사람 중에 하나로 꼽아야 합니다. 다른 누구보다 먼저 나카노키미와 연을 맺고도 그토록 깊은 인연임을 알아차리지 못합니다. 우연히 만나거나 해도 그 만남을 더없이 기쁘고 좋은 일이라 생각하지도 않았습니다. 게다가 사소한 소문에도 나카노키미를 책망하여 힘들고 괴롭게 한 것은 정말이지 마음에 안 듭니다. 스자쿠 상황의 붕어로 칩거하던 중에 잠시 나카노키미를 찾아왔을 때도 그렇습니다. 레이제이 상황에게 받은 편지의 답장을 어찌 했는지 꼬치꼬치 캐물으며 이것저것 떠보자, 나카노키미는 옛일을[50] 떠올립니다."

이렇게 말하자, 또 다른 뇨보가 "아무리 생각해도 남자가 나카노키미에 대한 미련을 버리지 못하는 것도 참 꼴사납지요"라고 말한다.

---

50 스자쿠 상황의 붕어 후에 천황이 된 레이제이도 나카노키미에 대해 연정을 품고 있었다. 이에 질투심을 느낀 남자는 천황의 편지에 대한 답장 내용을 집요하게 확인하려고 한다. 예전에 관백은 나카노키미와 남자의 관계를 너그러운 마음으로 받아주었는데 그렇지 못한 남자를 보면서 나카노키미는 옛날을 떠올리는 것이다.

27. 큰 결점

또 다른 뇨보가 "아무리 생각해도 이 모노가타리에는 큰 결점이 있습니다. 한번 죽은 사람이 살아 돌아오는 법이 있다손 치더라도, 그것은 전세에서 이어진 인연이니 어찌 하겠습니까? 그런데 소생 후에 남자에게 그 사실이 알려진 것을 나카노키미는 그다지 놀라지도 않고 별일 아닌 듯 아무렇지도 않게 생각한다는 점입니다. 아이를 맞아들여 돌보는 일을 굉장히 훌륭한 일로 여기며 관백의 부인까지 된 사람이 만년에 전혀 행복해하지 않고 은둔까지 한 것은 매우 좋지 않습니다. 그 후 장남인 마사코를 생각해서 레이제이 상황에게 편지를 올리는 장면에서는 실로 절절한 감동이 느껴집니다.[51]

    더없이 괴로운 신세가 싫어 세상을 버린 사이

    당신도 세상을 저버리셨군요

라 아뢴 것은 감동적이지요. 적어도 남자에게만은 계속 숨겼더라면 남자는 목숨을 버릴 정도로 슬퍼했을 테지요. 그런데 사실을 전해

---

51 앞서 마사코가 천황의 문책을 받은 사실을 가리키는 것이다. 나카노키미는 천황의 구애에서 벗어나기 위해 거짓으로 죽은 체하였는데, 아들의 용서를 구하기 위해 생각다 못해 편지를 올린다.

듣고 놀랍고 이상한 일이라 생각하지도 않습니다. 그저 있을 수 있는 일인 양 울고 웃으며 나카노키미와 이야기하는 대목은 어이없고 기막힙니다"라고 말한다.

이 사람 저 사람이 저마다 한마디씩 한다.

28. 미쓰노 하마마쓰

"『미쓰노 하마마쓰(みつの濱松)』[52]야말로 『요루노 네자메』, 『사고로모 모노가타리』만큼 평판이 높지는 않은 듯하나, 문체나 내용을 비롯해 무엇이나 뛰어나며 정취 깊고 감동적입니다. 무릇 모노가타리를 쓴다 하면 이와 같아야 한다고 생각될 정도입니다. 전체적으로 이야기의 취향이 신선하고 와카도 좋으며 주인공 중납언(中納言)의 심경이나 모습 등이 이상적으로 묘사되어, 『겐지 모노가타리』의 가오루와 비견될 만큼 멋집니다.

---

52 작자는 『요루노 네자메』의 작자 스가와라노 다카스에의 딸이라고 전해진다. 현존본은 5권. 서두의 1권 내지는 2권이 산실된 것으로 추정된다. 일본과 당나라를 무대로 꿈과 전생을 축으로 한 연애 이야기이다. 현재 일반적으로는 『하마마쓰 주나곤 모노가타리(濱松中納言物語)』라고 한다. 이는 근세 이후의 사본에 많이 보이는 제목으로, '하마마쓰 중납언'이라 불리는 주인공의 호칭에서 유래한다. 『미쓰노 하마마쓰』라는 제목은 권1에서 주인공이 읊은 와카의 구절에서 유래한 것이다.

29. 인물론

중납언이 자신의 아버지가 당나라의 황족으로 환생한 꿈을 꾼 새벽에 재상중장이 찾아와 와카를 읊습니다.

결코 홀로 밤을 지새우지 않으리라 생각했거늘

당신 침상에서 생각지도 못한 파도 소리 듣는구나[53]

이를 비롯해 중납언이 당나라로 떠나려는 대목이 실로 감동적입니다. 당나라를 떠나기 전에 열린 8월 15일 연회에서 황제가 '하양현(河陽縣) 황후의 거문고 소리를 들려주겠소'라고 말했을 때, 그 대답은 하지 않고 바로 자세를 고쳐 앉아 홀과 부채를 맞부딪치며 사이바라(催馬樂)의 '아아 존귀한'을 부르는 대목. 황제가 황후와 비교해서 '황후는 우리나라 제일의 미인이요, 중납언은 일본의 뛰어난 인물인 듯하오'라며, '마치 달과 태양의 빛을 견주어 보는 느낌이 들어 멋지구려'라 말하는 대목 등은 정말이지 멋집니다.

당나라 최고 대신의 다섯 번째 딸이야말로 실로 황망하기 짝이 없습니다. 화려한 머리장식에 부채를 만지작거리며 병상에서 일어

---

53 '파도소리'는 당나라로 건너가는 것을 의미한다.

나 앉아 중납언을 보는 장면에서는 그다지 끌리지 않습니다. 하지만 중납언이 일본으로 돌아가기 위해 이별을 고할 때 그녀가,

> 당신의 유품이라 생각해 매일 밤 쳐다보지만
> 위로가 될까요 저 반달이

라 읊은 것은 실로 감동적입니다. 중납언이 귀국한 후, 쓰쿠시에서 보낸 편지에,

> 아아 어느 세상에 당신을 다시 만나
> 예전에 보았던 새벽달 볼 수 있을까

라 쓰여 있으니, 이 와카를 손꼽아 기다렸을 그녀의 마음이 헤아려져 정말이지 가슴에 와 닿습니다. 더군다나,

> 이곳에 없는 그대가 보고 싶습니다
> 아름다운 머리장식을 한들 무슨 소용 있을까요

라며, 머리카락을 자르고 옷을 검게 물들여 속세의 연을 끊고 산 속 깊이 틀어박힌 것은 정말로 사려 깊고 훌륭합니다.

좌대장(左大將)의 딸[54]은 진중하고 생각이 깊지는 않습니다만,

어찌 하나 어찌 하면 좋을까 한탄스럽구나
세상 등지자니 아쉽고 속세에 머물자니 원망스럽네

이리 되라고 쓰다듬어 주신 것은 아니거늘
내 검은 머리카락 잘린 끝이 가슴 아프네

라 읊으며, 아까운 머리를 자르고 출가하는 대목을 보면 실로 마음이 아프고 슬픕니다.

대재부(大宰府) 차관의 딸[55]이야말로 어쩐지 불쌍하게 느껴집니다. '칡넝쿨을 흔드는 바람'[56]이라 읊은 와카를 비롯하여,

마음 한켠에 묻은 언약 잊지 않으니 어찌 할까요
옛날로 돌아갈 방법은 정녕 없나요

---

54   중납언의 아이를 임신하고 후에 출가한 듯하지만 산실된 부분이다. 이하 두 수의 와카는 현존본에는 보이지 않는다.

55   중납언이 당에서 귀국했을 때 쓰쿠시에서 모셨던 여성이다. 후에 상경해서 우위문독의 처가 되지만 중납언을 잊지 못한다.

56   하룻밤을 같이 지낸 중납언이 보낸 와카에 대한 답가 '칡넝쿨을 흔드는 바람 원망하지 않을 만큼만 소식 주세요'의 한 구절이다.

라는 와카를 읊고, 중납언이 '당신을 데리고 어딘가로 숨어 버릴까'
라고 하자 순순하게 받아들이는 모습 등도 애처롭습니다. 아직 어
려서 진중한 면이 없기는 하지만 이런 모습이 귀엽습니다.

요시노 아가씨(吉野の君)[57]도 정말로 불쌍한 사람입니다. 식부경궁
[58]에게 납치당해 어찌할 바를 모르고 '중납언에게 알려주세요'라 말
할 때는 굉장히 애처롭습니다. 또 중납언에게,

> 저승까지 갔다 돌아왔어요 사랑에 괴로워
>
> 혹여 찾아올지 모르는 사람을 기다리는 사이에

라 읊은 것도 가련합니다"라고 말한다.

30. 진짜 같지 않은 일

"분명 모든 면이 이상적이고 훌륭한 모노가타리입니다만, 그래도
이런 장면이 없었더라면 좋았을 법한 부분이 몇 군데 있습니다.

---

57 하양현 황후의 여동생이나 아버지는 다르다. 출가한 어머니와 함께 요시노 산(吉野山)에
    칩거하고 있었는데 중납언이 이를 알고 도읍으로 데려간다.
58 후의 동궁으로, 중납언과는 대조적인 성격의 호색한이다. 질병 치유를 위해 찾은 기요미즈
    데라(清水寺)에서 아가씨를 보고 아름다움에 매료되어 납치한다.

중납언의 아버지인 식부경궁[59]이 당나라의 황자로 환생한 것을 전해 듣고 꿈에서도 보고 나서, 중납언이 당나라에 건너가는 것까지는 괜찮습니다. 그러나 그 황자의 어머니인 하양현 황후까지 일본 사람으로 설정하고, 게다가 황후가 요시노 아가씨의 언니에 해당하는 점 등, 지나치게 당나라와 일본이 하나로 얽히는 부분은 진실성이 없습니다.

또 중납언이 여인들과의 관계에서 성실하게 처신하는 부분은 멋지지만, 정식부부의 연을 맺은 여인 없이 그저 밤이 되면 아무데서나 자고 오는 것으로 이야기가 끝나는 대목에서는 정말이지 흥취가 깨집니다. '하양현의 황후가 도리천(忉利天)에 환생하였다'고 하늘에 고하는 소리가 울려 퍼졌다는 것도 너무 거짓 같은데, 그 황후가 요시노 아가씨의 뱃속에 있다고 중납언이 꿈을 꾸는 대목은 난삽합니다. 도리천의 수명은 꽤나 긴 것 같은데 어느새 또 그런 환생이 가능할까 생각되어 유감스럽습니다.

애당초 안 좋은 작품은 뭐든 주의 깊게 들으려는 마음이 생기지 않는데, 멋진 작품인 경우에는 약간의 결점도 이렇게 생각되는 법입니다"라고 말한다.

59　앞의 식부경궁과는 다른 사람으로 주인공 중납언의 아버지. 당나라의 황자로 환생했다는 것은 산실된 부분이다.

31. 다마모

또 "『다마모(玉藻, 바닷말)』[60]는 어떻습니까?'라고 묻는다.

"특별히 와 닿는 장면도 감동적인 장면도 없습니다. 하지만 '부모는 일없이 돌아다닌다고 혼내지만'이라고 시작되는 첫 구절은 뭔가 멋지고 모노가타리가 어떻게 전개될지 흥미롭습니다.

이 모노가타리에서 요모기노미야(蓬の宮)야말로 실로 정취가 깊은 인물입니다. 후에 상시가 되어 전 대신의 도움을 받아 출사한 일과 이리저리 휘둘린 일은 정말이지 거북합니다. 실로 멋진 인물로 그려졌던 초반부에 비해 몸가짐이나 성품이 망가진 것 같아 마음에 들지 않습니다. 하찮은 미코시바,[61] 승려 등도 아주 유감스럽습니다. 이 모노가타리의 주인공은 너무나 마음에 안 듭니다.

또 '바위에 자라는 소나무 나를 기다리는 사람도 없겠지'라는 와카를 읊은 여어는 그럭저럭 싫지만은 않습니다"라고 말한다.

---

60   현전하지 않는 모노가타리 작품. 작자는 『사고로모 모노가타리』의 작자로 추정되는 센지 (宣旨)이다. '다마모'는 모노가타리 속 여주인공의 이름으로 추정된다.
61   인명으로 추정되나 분명치 않다.

32. 도리카에바야

또 "『도리카에바야(とりかへばや, 바꾸고 싶구나)』[62]는 전개도 매끄럽지 않은 데다 내용도 괴이하고 과장된 느낌이 듭니다. 그러나 오히려 그 점이 무척 새로운 발상이라 여겨지기도 합니다. 의외로 정취 있는 대목이 군데군데 있습니다. 무엇보다 와카가 뛰어납니다.

시노키미(四の君)[63]는 매력적인 인물입니다. 이상적이고 멋집니다. 또 상시가 원래의 남자 모습으로 되돌아간 후에 보여주는 인품이 매우 훌륭합니다. 후반부가 되면 이 사람들의 자손이 매우 많아집니다.

또 젊은 관인들과 당상관들이 궁중에 틀어박혀 근신하는 중에 많은 사람들이 모여 모노가타리를 평하는 장면은 『겐지 모노가타리』의 비오는 날 밤의 품평회 장면을 떠올리게 합니다. 무척 새롭고 정취 있어야 하는 장면인데, 어설프게 흉내 내어 꽤나 보기 괴롭습니다.

여자 중납언은 매우 뛰어나지만, 상투를 흔들면서 아이를 낳는

62　현전하지 않는 모노가타리 작품. 여성으로 살아가는 남자 상시와 남자로 살아가는 여자 중납언이 여러 사건을 거쳐 최후에는 원래의 성으로 돌아가는 이야기인 듯하다. 현존 『도리카에바야』는 개작본으로, 뒤에 수록된 『이마토리카에바야(今とりかへばや)』가 개작본에 해당한다.

63　현존 개작본에는 여자 중납언의 아내로 나중에 남자로 돌아간 전 상시의 처가 된다.

모습과 달거리 이야기는 참으로 불결합니다.

시노키미의 어머니가 출가하여 비구니가 된 것은 무척이나 훌륭하다고 생각됩니다. 눈 내린 새벽에 도롱이를 입고 있는 모습도 그러합니다.

여자 중납언이 숨이 끊어졌다가 다시 살아나는 것은 과장되고 괴기스럽습니다. 거울을 들고 와서 모든 일을 확실히 알게 되는 대목 등, 너무 거짓 같아 무서울 정도입니다"라고 말한다.

33. 가쿠레미노

또 "『가쿠레미노(隱れ蓑, 투명 도롱이)』[64]야말로 흔치 않은 소재를 이용하여 볼 만한 것이 많습니다. 그러나 그러지 않는 편이 좋았다고 여겨지는 내용이 많고 말투도 너무 고루한데다 와카도 좋지 않습니다. 그 때문인지 비슷한 수준으로 생각되는 『도리카에바야』와 비교하면 현저히 뒤떨어져서 요즘은 읽는 사람도 적습니다. 애절하기도 하고 정취가 깊기도 하고 보기 드물기도 하고 여러 가지로 볼 만한 요소를 담아 지었지만, 뭔가 특별한 점이 없는 것이 안타깝습

---

64   현전하지 않는 모노가타리 작품. '가쿠레미노'는 몸에 걸치면 다른 사람이 보지 못하는 도롱이로, 주인공이 이것을 입고 장난을 치거나 여러 사건을 일으킨다. 『겐지 모노가타리』 이전의 작품으로 추정된다.

니다. 근래에 『이마토리카에바야(今とりかえばや)』라는 상당히 뛰어난 작품이 나온 것처럼, 『이마카구레미노(今隱れ蓑)』라는 작품을 지어내는 사람이 있었으면 합니다. 요즘이라면 읽을 만하게 이야기를 지어내는 사람도 반드시 있겠지요. 최근 들어 이런저런 작품이 많이 나왔는데, 비록 읽은 작품은 적지만, 오히려 옛것보다 정취가 있는 것처럼 보입니다"라고 말한다.

34. 이마토리카에바야

"『겐지 모노가타리』 이전의 『우쓰호 모노가타리』를 비롯해 많이 읽힌 작품들은 어느 것이나 볼 만한 게 적습니다. 이 모노가타리가 고풍스럽고 예스러운 것은 당연한데, 문체와 와카 등에 각별함이 없는 것은 『만요슈』의 풍정을 작자가 제대로 이해하지 못한 탓이겠지요.

어째서일까요? 그런 면에서 본다면 방금 말한 『이마토리카에바야』는 원작보다 뛰어난 작품입니다. 뭐든지 흉내를 낸 것은 반드시 원래의 것보다 뒤떨어지는 법인데, 이 작품은 그리 나쁘지도 않고 정취도 깊은 것 같습니다. 문체와 와카도 나쁘지 않아요. 과장되고 무시무시한 점도 없고요.

원작에서는 여자 중납언의 모습이 아주 얄미운데, 이 작품은 뭐든 괜찮습니다. 남녀가 뒤바뀐다는 설정이 말도 안 되는 이야기로 생각되지 않고 정말로 그럴 만한 뭔가의 응보 때문이리라 여겨집니다. 따라서 여자 중납언이 자신의 모습을 몹시 안타까워하는 대목은 매우 가엽습니다. 남자 상시도 아주 괜찮습니다. 중납언이 여자로 돌아가 아이를 낳는 대목이나 상시가 남자로 되돌아가는 부분 역시 아주 잘 그려져 있습니다. 원작에는 처음의 여자 중납언과 남자 상시가 모두 사라졌다가 어디에 있었다는 설명도 없이 새로이 모습을 바꿔 재등장하기 때문에 너무나도 사실성이 떨어집니다. 반면 이 작품에서 두 사람이 원래의 모습으로 바뀌어 재등장하는 것은 남녀가 바뀐다는 구상의 결과로서 매우 자연스러운 전개라 생각됩니다.

시노키미[65]는 원작과는 달리 이 작품에서는 얄밉습니다. 겉으로는 아주 의젓하고 사랑스러운 느낌인 듯하지만,

봄밤의 달도 마음에 따라 달리 보이는 것을
내 마음 애태우는 달그림자만 보이네[66]

---

65 우대신의 네 번째 딸. 여자 중납언과 결혼하지만 미야 재상과 정을 통하고 회임한다. 후에 남자로 돌아온 전 상시의 처가 된다.
66 남편인 여자 중납언이 숙직하는 밤, 시노키미가 혼자 달을 바라보며 만족스럽지 않은 결혼 생활을 생각하며 읊조리는 와카이다.

라는 와카를 읊습니다. '내가 대체 왜 이러나, 그토록 성실하고 바람기도 없는 남편을 두고서 이리 상념에 빠지다니'라 생각하는 것은 그녀의 솔직한 마음이 아니니 걸맞지 않습니다.

무늬만 남편인 사람보다

감춰둔 님 소식 걱정되어 그냥 듣고 지나칠 수 없네[67]

라 읊는 것은 더욱 한심스럽습니다.

또 미야 재상(宮宰相)이야말로 정말로 멋이 없는 사람입니다. 그다지 깊은 애정이 없다면 왜 모든 사람에게 호색적인 행동을 일삼는 것입니까. 임신한 여자 중납언을 은신처에 가두고 '지금은 어찌 되었든 나한테서 떠나지 못하겠지'라고 가벼이 생각하며 업신여기는 부분은 정말이지 좋지 않습니다. 배부른 몸을 눈에 띄지 않게 감추고 뜻밖의 일까지 겪게 하다니,[68] 대체 무슨 생각을 하는 걸까요? 그 후 상시가 원대래로 남자로 돌아가 출사했을 때, 여자인 시노키미조차 '옛날의 그 사람이라 생각할 수 없구나'[69]라 읊었습니다. 그

---

67 표면적인 관계뿐인 남편인 여자 중납언의 영달보다 몰래 정을 통하고 있던 미야 재상의 승진을 염려하며 읊는 와카이다.
68 시노키미와 미야 재상의 관계로 인해 여자 중납언은 정신적으로 고통을 받는다.
69 '옛날의 그 사람이라 생각할 수 없구나 나도 예전의 내가 아니니 누군들 변하지 않겠는가'.

런데 미야 재상은 눈앞에서 얼굴을 보면서도 이전의 여자 중납언과 다른 사람이라고는 전혀 구별하지 못합니다. 이 대목은 정말 어이가 없습니다. 무엇보다 현재 중납언의 외관을 보더라도 그렇고, 또 여장했을 당시 상시의 침착하고 조용한 모습과 그 인품에 어울리게 조신하여 연정을 품을 수 없었던 표정을 떠올려보세요. 다른 사람이라는 것을 금세 느낄 수 있지요"라고 말하자, "그것도 이상하지만, 요시노(吉野)의 나카노키미와 결혼해서 사는 곳에 그토록 미련을 버리지 못하던 여자 중납언이 있다고는 전혀 알아차리지 못하고, 멍청하게 왕래하는 모습은 정말이지 실망스러울 따름입니다"라고 말한다.

35. 고코로타카키

그러자 또 "『고코로타카키(心高き, 고고한)』[70]야말로 여주인공인 동궁의 센지(東宮の宣旨)[71]도 그러하지만, 요즘 눈으로 보면 케케묵은 작품입니다. 문체 등이 참으로 진부하고 와카도 어설프지만 꽤 이름이 나 있지요. 그리 뛰어나지도 않은 자에게 분에 넘칠 정도의 행

---

70 현전하지 않는 모노가타리 작품. 『고고한 동궁의 센지(心高き 東宮の宣旨)』라고도 한다.
71 동궁을 섬기는 최고 지위의 여성 관인.

운이 따름을 그리려 한 것이지요. 그렇지만 여주인공이 깊은 애정을 보여준 동궁을 섬기지 않고 바람기 많은 내대신(內大臣)과 부부가 되는 대목은 마음에 들지 않습니다. 그건 그렇지만 즉위한 동궁의 치세 말기에 자신의 딸을 입궁시키고, 그러던 차에 아주 잠깐 스치듯 만났을 때 서로 감정을 억누르기 힘들어하며 헤어지는 장면이야말로 상당히 애절하고 슬픕니다."

36. 아사쿠라 · 가와기리

"『아사쿠라(朝倉)』[72]나 『가와기리(川霧, 강가에 낀 안개)』[73]도 『고코로 타카키』와 비슷한 취향의 작품입니다.

『아사쿠라』는 앞부분이 몹시 정취가 있어 뒷부분도 그윽한 정취가 있으리라 생각하며 읽습니다. 하지만 '구모데의 아이를 호리카와(堀河) 님이 낳았어요'[74]라 하는 대목에 이르면 너무 뻔한 내용이라 실망스럽기도 합니다. 그래도 주인공 남녀가 우차를 타고 우연히 스쳐 지나가는 대목이나 여자가 이시야마데라(石山寺)에 들어가 숨

---

72 현전하지 않는 모노가타리 작품. 작자는 『요루노 네자메』의 작자 스가와라노 다카스에의 딸로 추정된다.
73 현전하지 않는 모노가타리 작품. 작자 미상.
74 구모데는 신분이 천한 남자의 이름으로 보인다. 고귀한 신분의 여성인 호리카와 님이 그 남자의 아이를 낳은 사건이 있었던 것 같다.

어 지내는 대목은 실로 애절합니다.

37. 이와우쓰나미

또 『이와우쓰나미(嚴打つ波, 바위에 부딪히는 파도)』[75]는 아주 평범하고 말투도 시대에 뒤떨어집니다. 그렇지만 여주인공이 남자 주인공인 대장에게 속아 하룻밤을 보낸 다음날 새벽, 대장을 모시는 소장이 뇨보가 입고 있는 옷의 국화 문양을 보고,

갖가지 빛깔의 꽃을 꺾어 꾸민 듯한데
유일하게 국화는 값어치가 없군요

라며 놀랍니다. 이를 들은 여주인공은 괴로워하지요. 훗날 여주인공은 여어로 입궐하고 이어 황후가 됩니다. 그렇게 고귀한 신분이 되었을 때, 지금은 좌위문독이 된 뇨보가 그때와 같은 국화 문양 옷을 입고 이전의 그 소장에게,

75 현전하지 않는 모노가타리 작품. 제목은 『시카와카슈(詞花和歌集)』의 '바람 가르고 바위에 부딪히는 파도가 오직 내 마음만을 부수는구나'라는 와카에서 따온 것으로 보인다. 사랑에 실패하고 괴로워하는 남자의 이야기로 추정된다.

국화도 이리 값어치 있는 때가 있거늘

어찌 그리도 깎아내리셨나요

라고 와카를 읊는 대목이야말로 통쾌합니다. 또 황자가 태어났을 때 천황으로부터 칼을 하사 받아 전하는 사자 역할은 소장이었고, 황후 쪽에서 그 칼을 건네받는 역할을 맡은 것은 대장이었습니다. 서로 얼굴을 마주하고 쓴웃음을 짓는 장면이 재미있습니다. 별 볼 일 없는 모노가타리이지만, 복수하는 모습이 신나고 기분 좋은 작품입니다.

38. 아마노 가루모

근래의 모노가타리 중에는 『아마노 가루모(海人の刈藻, 해녀가 따는 해초)』[76]가 차분하고 우아한 멋은 없지만, 문체는 『요쓰기(世継)』[77]를 모방하여 잘 만들어진 작품입니다. 모노가타리의 완성도에 비하면 정취도 있는 편이지요.

---

76 현전하지 않는 모노가타리 작품. 제목은 『고킨와카슈』의 '해녀가 따는 해초에 붙어사는 벌레도 내 탓이라고 우는구나 세상을 원망하지 말아야지'라는 와카에서 따온 것으로 보인다. 사랑에 괴로워하며 출가하는 남자의 이야기로 추정된다.
77 『에이가 모노가타리(榮花物語)』를 지칭한다.

이치조인(一條院)의 서쪽 대옥에 권중납언(權中納言)과 삼위중장 (三位中將)이 살고 있었는데,[78] 거기에 장인소장(藏人少將)이 천황의 사자로 가 보니 각각 살고 있는 모습이 매우 인상적입니다. 특히 권중납언이 비파를 소리죽여 연주하면서 '종명입어명(從冥入於冥) 영불문불명(永不聞佛名)'[79]이라는 법화경의 한 구절을 중얼거리는 모습은 실로 감명 깊지요.

안찰대납언(按察大納言)의 부인이 임종을 맞이하는 장면도 무척 슬퍼요.[80] 또 고지주노나이시(河侍從の内侍)야말로 대단히 사려 깊고 호감이 갑니다.

주인공 대납언이 히에이 산(比叡山)에 들어가려고 할 때 소노타마라는 이름의 여동과 만나는 대목도 굉장히 감동스러워요.

그리고 대납언이 출가한 후, 눈 내리는 모습을 보며 오미야(大宮)[81] 가 '내 아들이 있는 산언저리는 눈에 덮였겠지'라며 멍하니 생각에 잠겨 있는데, 때마침 대납언의 형인 대장이 눈길을 헤치고 찾아왔습니다. 오미야의 딸인 재궁의 방에서 어린 도련님[82]이 대장을 아버

---

78 이치조인의 동생이 남긴 자식들로, 형 권중납언은 훗날 대장이 되고, 동생 삼위중장은 훗날 권대납언이 된다. 후자가 이 모노가타리의 주인공이다.

79 '어둠 속에서만 돌고 돌아 부처님 이름을 듣지 못하였나이다'라는 뜻이다.

80 여자 주인공의 모친. 아직 결혼하지 않은 막내딸(여자 주인공, 훗날의 중궁)을 걱정하며 죽는다.

81 이치조인의 처. 남자 주인공의 새어머니에 해당한다.

82 출가한 남자 주인공의 아이로 어머니는 중궁이다. 어려서부터 할머니인 오미야에게 맡겨

지로, 재궁을 어머니로 여기는 것을 보고, 관백[83]이 '누가 누군지 모르게 되었구나'라며 웃으면서도 눈물을 참지 못하는 대목은 심금을 울립니다. 대장이 소매로 얼굴을 가리는 것도 당연하지요."

이렇게 말하는 사람이 있는가 하면 또 다른 뇨보가 "대납언에게 본부인이 없었던 것이 유감입니다. 아무리 중궁을 사랑했다 하나 저는 그렇게까지 생각되지는 않습니다. 차라리 그리 나쁘지 않은 됨됨이에 고귀한 신분의 본부인을 두고, 대납언이 출가하고 나서는 그 부인이 슬퍼하도록 하는 편이 좀 더 공감할 수 있을 것 같습니다.

또 중궁[84]이 대납언에 대해 전혀 생각하지 않는 탓에 그토록 열정적이던 대납언마저 마음을 접어 유감스럽습니다. 같은 마음으로 서로 끌려 사랑을 나누었으면, 물론 편지의 답장까지 보낼 필요는 없더라도, 적어도 마음속으로는 애잔하게 생각해야 하는 것 아닌가요?

또 관백과 대장이 각각 아무리 고운 본부인이 있다고는 해도,[85] 그토록 아름다운 천황의 여자 형제들한테 자연스레 마음 가는 일도 없이 조금도 신경 쓰지 않았다는 것은 뭔가 부족한 느낌이 듭니다.

졌는데, 아직 사정을 모르기에 큰 삼촌을 부친으로, 고모를 모친으로 알고 있다.
83 오미야의 동생. 남자 주인공의 외삼촌에 해당한다.
84 여자 주인공. 안찰대납언의 셋째 딸로 레이제이 천황의 황후가 된다. 어쩌다가 남자 주인공과 관계를 맺고 아이를 낳기는 하지만 남자 주인공에게 전혀 애정을 느끼지 못한다.
85 각각 중궁의 언니인 오키미와 나카노키미를 처로 맞았다.

중궁이 레이제이 천황의 황자를 출산하던 날, 기도를 위한 불상이 수없이 만들어졌다는 대목은 별로 진실성이 없습니다. 그리고 무엇보다 권대납언의 즉신성불(卽身成佛)이야말로 아무리 생각해도 유감스럽습니다. 이래서는 주인공이 출가한 감동이 다 깨져버려 『요루노 네자메』의 나카노키미가 거짓으로 죽는 사건만큼이나 황당하게 느껴집니다"라고 말한다.

39. 스에하노 쓰유

"사람들이 『스에하노 쓰유(末路の露, 풀잎 끝에 맺힌 이슬)』[86]와 『아마노 가루모』를 하나로 묶어서 말하는 것 같은데, 『스에하노 쓰유』는 문체부터 너무나 평범합니다.

그렇지만 황태후[87]의 행동과 마음씨는 아무리 생각해도 훌륭하지요. 그 대목은 전부 마음이 끌리고 멋있다고 생각합니다. 또 겐노추조(源中将)야말로 황태후의 사람이라 할 수 있으며 품위가 있습니다. 그렇지만 재상중장[88]이 병상에서 일어나 입궐했을 때, 겐노추조가

---

86 현전하지 않는 모노가타리 작품. 대장의 죽음과 사랑을 다룬 작품인 듯하지만 상세한 내용은 알 수 없다.
87 여자 주인공으로 추정된다.
88 후의 우대신. 남자 주인공으로 추정된다. 젊은 날, 입궁 전의 황태후와 사랑했던 사이였던 것 같다.

그를 우연히 만나 흘낏 보고는 건성으로 허리만 굽혀 인사하고 지나가는 대목은 정말이지 밉살스럽습니다. 비록 모노노케(物の怪)가 한 짓이라고는 하지만, 재상중장의 마음이 변해버린 것은 대단히 애처롭습니다.

또 대장이 죽었을 때, 정월에 수행원이 검은 상복을 입고 입궐하는 장면도 무척 황망하고 딱합니다.

재미있는 대목도 있습니다. 경전에 정통한 학승의 취한 모습이 그러합니다. 그나저나 기억을 잃었던 재상중상이 원래대로 돌아온 후부터는 멋집니다.

전 관백 대장은 무슨 일에나 깊이 관여하지 않아 고작 동궁 여어와 장인소장과 관계하는 정도입니다. 여복이 없어 유감스럽습니다.

40. 쓰유노 야도리

또 『쓰유노 야도리(露の宿り, 이슬이 머무는 곳)』[89]는 옛 모노가타리 중에서는 문체나 와카로 보아 그리 나쁘지는 않습니다. 하지만 너무 많은 사람이 죽는 부분은 불길하게 느껴집니다.

---

89   현전하지 않는 모노가타리 작품. '이슬이 머무는 곳'이라는 뜻의 작품명에 의하면 무상을 주제로 한 것일까.

대이(大弐)의 딸이야말로 불쌍한데, '당신의 부채 바람이 내 몸에 스며들게 하여'라는 대목은 마음이 끌립니다. 하치조(八條)의 여인도 자제심이 있어 꽤 좋습니다. 반면 이치조노우에(一條の上)라는 사람은 무슨 연유인지 밉살스럽지요.

천황이 오하라노(大原野)에 행차하는 모습을 관백 부인은 자리에 앉아서, 니조노우에(二條の上)는 우차에서, 또 중궁의 뇨보들은 우차를 여러 대 줄지어 세워놓고 보는 장면이 매력적입니다.

병부경궁이 아버지의 상중에 홀로 근행하고 있을 때 다른 이가,

옆에서 염려하는 소매조차 마를 날이 없거늘
당신의 소매는 눈물로 썩어버린 것 아닌가요[90]

라 읊으며 그대로 내버려두는 장면도 정취가 있습니다.

41. 미카와니 사케루

『미카와니 사케루(みかはに咲ける, 미카와에 피어 있는)』[91]야말로 와

---

90 와카의 작자는 중장 나이시(中將內侍)로 보는 것이 옳은 듯하다.
91 현전하지 않는 모노가타리 작품. '착각하여 잘못 찾아간 듯하구나 미카와에 피어 있는 조팝나무 꽃'이라는 와카에서 유래한 것으로 보인다. 『슈이하쿠반(拾遺百番)』, 『후요와카슈

카가 좋습니다. 동궁의 센지[92]라는 사람이,

> 그리움에 괴로움을 더해 한탄하라 하십니까
>
> 어찌 그리 깊은 생각에만 빠져 계신가요

라 읊은 것도 좋고 그 외의 다른 와카도 좋은 노래가 많습니다. 미쿠시게(御匣)[93] 님야말로 대단히 마음이 끌리며 불쌍합니다.

42. 우지노 가와나미

『우지노 가와나미(宇治の川波, 우지 강 물결)』[94]는 『아마노 가루모』를 지나치게 흉내 냈지만 나쁘지는 않습니다. 어느 눈 오는 날 아침, 대장이 소치노미야(帥宮)의 둘째 딸인 나카노키미를 만나고 돌아오는 길에 벤(弁)을 만났습니다. 벤에게 '이 눈과 함께 나는 사라지고 말거라오'라 말하고 그대로 사라진 것은 너무나 불만스럽습니다.[95] 그

(風葉和歌集)』에 실려 있다.
92 남자 주인공에게 사랑받는 여인 중 한 사람. 후에 상시가 된다.
93 남자 주인공이 다른 사람과 착각하여 인연을 맺은 여성으로, 출산 후 죽는 박복한 여성이다.
94 현전하지 않는 모노가타리 작품. 『후요와카슈』 등에 의하면 우지에 은거한 소치노미야 집안의 세 자매를 둘러싼 모노가타리인 듯하다.
95 『아마노 가루모』를 흉내 낸 작품이라면 이 장면은 대장의 출가를 의미하는 듯하다.

렇지만 대장이 자신의 부인이 비구니가 되려는 사실을 우연히 듣고
안 것은 잘된 일입니다. 대장의 죽음은 매우 안타깝습니다.

또 전 재궁이 아무런 역할도 없이 끝나버리는 것은 뭔가 좀 부족
합니다. 또 나카노키미의 언니가 식부경궁의 본부인이 되어 스스로
엄청난 일을 해냈다고 생각하고는 나카노키미를 양녀로 삼아 여어
로 입궐시켜 행운을 거머쥐는 장면은 정말이지 밉살스럽습니다. 재
궁의 딸이라는 사람은 무슨 일에나 뛰어나 보이지만 뭐 하나 마음
에 드는 구석이 없습니다. 후에 관백의 부인이 되지요.

나카노키미야말로 정말이지 불쌍합니다. 그렇지만 훌륭한 자녀
를 둔다는 점에서는 호감을 가질 만한 면도 있습니다"라고 말한다.

43. 고마무카에

또 "『고마무카에(駒迎へ, 말 맞이)』[96]는 문체가 아름다우며 깊은 감
명이 느껴지는 데 비해 결말이 흐지부지합니다.

대장의 마음가짐은 훌륭합니다. 사람은 그저 입에서 나오는 대로
말하는지라 내뱉은 말을 관철하는 것은 예나 지금이나 드문 법인

---

96   현전하지 않는 모노가타리 작품. 상세한 내용은 불명. 『후요와카슈』에도 한 수의 와카만
수록되어 있을 뿐이다. '고마무카에'는 8월 15일 각 지방에서 진상된 말을 오사카 관문에서
맞이하는 행사이다.

데, 이 대장은 처음에 마음먹은 대로 끝까지 밀고 나가는 점이 멋집니다. 그렇지만 눈 내린 밤 꿈에서 깨어 놀라 여자의 처소로 갔으면서 불쌍한 모습을 그대로 두고 돌아서다니, 너무나 박정한 처사입니다.

또 미야노히메기미(宮の姫君)가 신분을 바꾸어 안찰대납언의 양녀로 사는 모습은 그리 보기 좋지 않습니다.

44. 오다에노 누마

『오다에노 누마(緒絶えの沼, 끈 끊어진 못)』[97]는 지나치게 현대풍이라 생각되지만, 사람의 마음을 다채롭게 그려낸 정취 있는 작품입니다.

미야 대장은 정말이지 멋진 사람입니다. 두말할 필요 없이 대장의 본부인도 호감이 가고 멋집니다. 미야 대장이 식부경의 둘째 딸 이야기를 듣고 도노 대장(殿大將)에게 말하는 장면은 아주 재미있고, 도노 대장이 '기쁘지 않습니다'라며 웃는 것도 재미있습니다.

새 재상의 딸 처소에 셋째 황자가 함께 있었을 때 그 앞을 중납언

---

97   현전하지 않는 모노가타리 작품. 상세한 내용은 불명. 등장인물이 많고 이른바 삼각관계를 다룬 작품인 듯하다.

중장이 지나가며 '그립다는 말로는 다할 수 없네'라 읊조리는 장면은 매우 정취가 있지요. 또 그 사람이 함께 궁중에서 나가,[98] '저 세상을 위한 추억으로'라며 소리 높여 읊은 와카도 아주 정취 있습니다"라고 서로 이야기한다.

45. 하쓰유키

"지금까지 말한 작품을 비롯해서 도저히 모노가타리라고 하기 어려운 작품도 많고, 다소 작자가 자부심을 갖는 작품도 그 수를 알 수 없을 만큼 많습니다. 그렇지만 이를 다 이야기하자면 날이 새고 해가 저물어도 다 못하겠지요. 『하쓰유키(初雪, 첫눈)』라는 작품을 보세요. 거기에 모노가타리에 관한 것은 다 쓰여 있습니다.

46. 근래의 모노가타리

요즘 모노가타리가 엄청나게 많이 쓰였는데, 그중 눈에 들어오는 작품 몇몇은 오히려 옛것보다 문체나 내용이 뛰어납니다. 그러나

98 '그 사람'은 중납언 중장, 함께 나갔다는 사람은 셋째 황자로 보는 것이 일반적이나, 이 부분은 문맥 파악이 어려워 구체적인 정경을 알 수 없다.

역시 『요루노 네자메』, 『사고로모』, 『하마마쓰』 정도 되는 작품은 눈에 띄지 않습니다.

후지와라노 다카노부(藤原隆信)가 지었다는 『우키나미(うきなみ)』[99] 라는 작품은 각별히 공들여 쓴 듯하여 정취가 있습니다. 그러나 어찌된 셈인지 문체가 졸렬하여 그다지 만족스럽지는 않습니다.

또 후지와라노 데이카(藤原定家)가 지은 작품이 많이 있지만 그저 형식만 훌륭했지, 진실한 맛이 없는 작품뿐입니다. 『마쓰라노미야(松浦の宮)』라는 작품은 그저 『만요슈』의 풍정을 좇고, 줄거리는 마치 『우쓰호 모노가타리』를 보는 듯합니다. 어리석은 제가 보기에도 미치지 못하는 작품이라 생각됩니다.

요즘 모노가타리는 모두 옛 시대를 그렸는데, 『사고로모』에서 천인이 하늘에서 내려온 일, 『요루노 네자메』에서 거짓으로 죽은 일처럼 허무맹랑하게 그리기 때문에 진실성이 없고 과장스러운 점이 많습니다.

『아리아케노 와카레(有明の別れ, 새벽녘 이별)』, 『유메가타리(夢語り, 꿈 이야기)』, 『나미지노 히메기미(波路の姫君, 파도길의 아가씨)』, 『아사지가하라노 나이시노카미(浅茅が原の尚侍, 띠풀로 뒤덮인 들판의 상시)』

---

99   현전하지 않는 모노가타리 작품. 자세한 내용은 알 수 없으나 주인공의 여성편력과 그 번뇌를 그린 작품인 듯하다.

등은 문체가 매끄러워 귀에 거슬리는 점이 없습니다. 하지만 매우 좋은 작품이라 여기며 읽다 보면 정말이지 무시무시한 내용도 섞여 있어 흥취가 깨지니 유감스럽습니다"라고 말한다.

47. 이세 모노가타리 · 야마토 모노가타리

젊은 뇨보가 "생각해보니 그렇다면 이는 모두가 엉터리고 거짓이 군요. 실제로 있었던 일들을 말씀해주세요. 『이세 모노가타리(伊勢物語)』, 『야마토 모노가타리(大和物語)』 등은 실제 있었던 일을 쓴 작품이라 하니 거듭 생각해도 멋집니다. 그에 관해 좀 말씀해주세요"라고 말한다.

"『이세 모노가타리』는 오로지 아리와라노 나리히라(在原業平)의 호색을 보여주려고 쓴 겁니다. 이 세상에 신분이 높든 낮든 조금이라도 분별 있는 사람이라면 누구 하나 『이세 모노가타리』와 『야마토 모노가타리』를 읽지 않은 사람이 있겠습니까? 그러니 이러쿵저러쿵 말할 필요도 없지요. 나리히라가 스미다 강(隅田川) 언저리에서 도읍에 두고 온 사람의 안부를 검은머리물떼새에게 묻고,[100] 야쓰하

---

100 검은머리물떼새는 '미야코도리(都鳥)'라 하는데 이 말에 들어 있는 '미야코(都)'가 도읍을 뜻한다. 이에 도읍에 두고 온 사람을 연상하여 와카를 읊은 것이다.

시(八橋) 부근을 지나면서 정다웠던 아내를 그리워하는 등, 도읍 밖을 방랑한 것도 그저 호색을 좋은 결과입니다.

『야마토 모노가타리』도 비슷한 취향이니 그 이야기는 이만하지요. 누구나 읽어 이미 다 알고 있으니까요. 모노가타리에 나오는 와카의 좋고 나쁨을 분별하려면『고킨와카슈(古今和歌集)』를 보세요. 거기에 좋은 노래라 할 만한 와카가 들어 있습니다"라고 말한다.

48. 찬집

그 젊은 뇨보가 또 "그러면 찬집(撰集) 중에서 옛 것이든 새로운 것이든 간에 어느 것이 뛰어나고 훌륭합니까?"라고 말하자, "찬집이라 붙은 것에 엉성한 것은 없다고 들었습니다만….

『만요슈』 같은 작품은 상상 이상이라 말로 표현할 수도 없습니다. 쓰모리노 구니모토(津守國基)라는 가인은 '내 와카는 『만요슈』를 기반으로 하고 있다'고 했답니다.

옛 와카는 뭐든 훌륭하다 하지만,『고킨와카슈』야말로 아무리 생각해도 정말 멋집니다. 와카의 좋고 나쁨을 이야기하는 것 자체가 황송할 따름입니다. 편찬자들이 설령 착각을 하여 평범한 와카를 넣었더라도 천황이 보고 가려내지 못했겠습니까?

『고센와카슈(後撰和歌集)』는 지나치게 고풍스러워 흥취를 깨니,

범인들의 마음으로는 헤아리기 어렵습니다.

또한 『슈이와카슈(拾遺和歌集)』, 『슈이쇼(拾遺抄)』라는 두 찬집이 있습니다. 후지와라노 데이카에게 '칙찬의 선지가 내려진 것은 어느 쪽입니까. 어느 쪽을 칙찬집이라고 합니까'[101]라고 사람들이 물어보자, 여러 세세한 기록 중에,[102] '선인들이 남긴 것이지만 『슈이와카슈』에 비해 『슈이쇼』가 훨씬 뒤떨어지는 것 같다'라고 답한 것이 있습니다. 또 '『만요슈』에서 『센자이와카슈(千載和歌集)』까지를 팔대집(八代集)이라 할 것인가'[103]에 대해 자세하게 설명한 것이 있습니다.

『고슈이와카슈(後拾遺和歌集)』에는 좋은 와카들이 있는 것 같습니다. '옛 칙찬집보다 뛰어나다'라는 사람도 있습니다만, 『고킨와카슈』를 어찌 흉내 낼 수 있을까요? 전혀 미치지 못합니다.

『긴교쿠슈(金玉集)』라 해서 삼대집(고킨 · 고센 · 슈이)의 와카를 취합하여 후지와라노 긴토(藤原公任)가 편찬한 가집을 보십시오. 거기에 수록되어 있는 와카들이 내용도 표현도 품격도 모두 갖춘 훌륭한 와카라고 이해하시면 됩니다.

---

101 『슈(集)』와 『쇼(抄)』 중에 어느 쪽이 정식 칙찬집인지를 묻는 것이다.
102 예를 들면 『삼대집에 대한 질문(三代集之間事)』에서 데이카는 현재의 통설과는 달리, 『슈(集)』가 가잔인(花山院)의 명에 의해 먼저 편찬되고, 『쇼(抄)』는 그 발췌라고 생각하였다.
103 현재는 『고킨와카슈』에서 『신코킨와카슈』까지를 팔대집이라 한다. 여기서 당시 『만요슈』가 칙찬집에 들어간다는 인식이 있었고, 또한 아직 『신코킨와카슈』가 성립되기 이전에 『무묘조시』가 쓰였음을 알 수 있다.

반면『긴요와카슈(金葉和歌集)』를 좋다고 하는 사람도 있습니다. 하지만 그 무렵의 와카는 제가 전부 보지 못한 탓일까요? 그렇게까지 생각되지는 않습니다. 볼 만한 것이 다소 적은 듯합니다. 세상 사람들도 그리 생각할 겁니다. 게다가 와카 수도 그다지 많지 않습니다.

이 이후에도 개인이 사적으로 편찬한 가집은 많이 있습니다.

『가엔스(歌苑集)』,『고센스(수撰集)』 등을 세상 사람들은 좋다고 하는 것 같습니다만, 칙찬집이 아니라는 점이 마음에 들지 않아서인지 아주 가볍게 느껴집니다.

한편 이러한 가집에 대한 평가는 편찬한 사람의 인품에 의하기 마련입니다.『겐손(現存)』,『게쓰케스(月詣集)』 등은 훌륭하지만 그다지 고상하고 품위 있게 생각되지는 않습니다.

하물며 말해 뭐하겠습니까?『나라스(奈良集)』라는 것이 있다던데, 아직 보지 못했습니다만 어차피 좁은 소견으로 편찬한 것이겠지요. 편찬자의 생각조차 알 수 없습니다.

『교쿠카스(玉花集)』라 해서 겐큐 7년(1196)에 편찬했음을 알 수 있는 가집(歌集)이 있습니다. 아무개라고 이름을 들먹일 만한 사람이 편찬한 것은 아니겠지요"라고 말하였다.

49. 제영가

또 다른 이가 "그렇지만 그 『교쿠카스』는 제영가(題詠歌)[104]만 수록되어 있어 급할 때는 필시 도움이 된다던데요"라고 말하니, "제영가는 굳이 찬집이 아니어도…. 『호리카와인 백수(堀河院百首)』, 『신인백수(新院百首)』, 최근에는 섭정 태정대신 후지와라노 요시쓰네(藤原良經)가 아직 좌대장(左大將)이었을 때 편찬한 『백수(百首)』 등이 있습니다. 이런 작품들만 보아도 제영가에 대해서는 잘 이해할 수 있습니다. 오히려 아름다운 와카들이 그런 가집에 있는 것 같습니다.

50. 찬집과 여성

아아, 기회가 된다면 나도 후지와라노 슌제이(藤原俊成) 같은 사람이 되어 가집을 편찬해보고 싶어요. 『센자이와카슈』야말로 슌제이가 편찬한 가집이라 매우 정취 있습니다. 하지만 가인들을 너무 배려한 탓인지 별로라고 생각되는 와카들도 많이 수록되어 있습니다. 무슨 일이나 흥취가 사라져가는 이 말세에 가도(歌道)만큼은 끊이지 않고 면면히 이어지고 있다고 들었습니다. 솔직히 잘 모르는 제가

---

104   설정된 제목에 따라 읊은 와카.

들어도 세상에 흔치 않다 싶은 뛰어난 와카들이 있지요. 만약 편찬자가 가인들의 지위나 신분을 고려하지 않고 와카를 골랐더라면 얼마나 훌륭한 가집이 되었을까요?

아니 그것도 훌륭하겠지만 여자만큼 유감스러운 것도 없어요. 예부터 풍류를 즐기고 가도를 익힌 사람들은 많았는데, 여자가 가집을 편찬한 적이 없는 것은 실로 유감입니다."

이렇게 말하니 다른 뇨보가 "반드시 가집의 편찬자만이 훌륭한 건 아니지요. 무라사키시키부가 『겐지 모노가타리』, 세이쇼나곤이 『마쿠라노소시』를 쓴 것을 비롯하여, 앞에서 말씀드린 모노가타리 작품들은 대부분 여자가 쓴 겁니다. 그러니까 저도 여자지만 역시 쓸모없다고는 생각하지 않아요"라고 말한다.

그러자 "그렇다면 어째서 우리는 뭔가 후세에 남을 만한 작품 하나 쓰지 못하는 걸까요? 번듯한 집안의 따님이나 본부인처럼 규방에서 조용히 지내는 사람들이라면 몰라도, 궁에서 일하는 몸으로 공공연히 얼굴을 드러내고 일거수일투족이 다 알려진 처지이면서 사람들에게 '요즘에는 뭐니 뭐니 해도 그 사람이지'라는 말도 못 듣고 후세에 남을 작품도 없는 처지로 끝나버리는 것은 너무 허망할 따름이에요.

예로부터 뛰어난 와카가 그리 많으냐면 사실 많은 것 같지도 않지만, 여자에게는 서툰 와카 한 수 가집 속에 들어가는 일조차 여의

치 않습니다. 하물며 후세에 이름이 남을 정도의 와카를 읊거나 글을 쓰는 예는 극소수에 불과하지요. 정말 흔치 않습니다"라고 말한다.

51. 여성론

그 젊은 뇨보가 또 "그렇다면 어떤 사람들이 있을까요? 고금을 막론하고 정취가 깊다고 평판이 자자한 사람 중에 조금이라도 괜찮은 사람을 따라하고 싶은데요"라고 말하니, "절대 다른 사람 흉내를 내서는 안 되지요. 못에 빠질지도 모르니"[105]라며 웃었다.

52. 오노노 고마치

"여어나 황후 중에 정취가 깊고 훌륭한 분이라 전해지는 예는 거의 없지요. 그러니 그보다 신분이 낮은 경우는 더할 수밖에요.

풍류를 즐기고 와카를 읊는 여자는 예로부터 많은 것 같은데, 오노노 고마치야말로 얼굴과 용모, 태도, 마음씨를 비롯해 모든 면에서 뛰어났다고 생각해요.

105　당시 남의 흉내를 내면 못에 빠지게 된다는 속담이라도 있었던 것일까.

빛깔도 안 보이면서 변해버리는 것은

세상 사람들 마음 속 꽃이었구나

이 신세가 싫어 뿌리 없는 부초처럼 떠다니다

누군가 부르시면 흘러가 살리라

님 생각하다 잠들었기에 꿈에 보인 걸까

꿈인 줄 알았다면 깨지 않았을 텐데

라는 와카를 보더라도 여자의 와카는 이래야 된다는 생각에 절로
눈시울이 뜨거워져요."

그러자 또 "오노노 고마치는 그 말년이 너무 안 좋아요. 고마치
정도가 아닌 사람일지라도 정말 그렇게까지 불행해지는 경우가 있
을까요?"라고 말하는 사람이 있다.

"그렇지요. 이 험한 세상의 무상함이 느껴져 애잔한 마음이 듭니
다. 고마치는 해골이 된 후에도,

가을바람 불 때마다 아아 눈 아파 아아 눈 아파

들판에도 내 눈에도 억새가 자랐구나

라고 와카를 읊습니다. 실은 넓은 들판에 억새가 자라 있는데 바람이 부니 이렇게 들린 것이지요. 너무 애처로워서 억새를 뽑아 버리자, 그날 밤 꿈에 그 해골이 나타나 '오노노 고마치라는 사람입니다. 바람이 불 때마다 억새 때문에 눈이 아팠는데 그걸 뽑아 주셔서 너무나도 기쁩니다. 답례로 와카를 멋지게 읊어드리지요'라고 했다지요. 꿈을 꾼 사람은 후지와라노 미치노부(藤原道信)[106] 중장이라는데 정말일까요? 그 누가 죽어서까지 와카를 읊겠습니까? 빛깔이든 향기든 정취를 안다면 이 정도는 되어야지요"라고 말한다.

53. 세이쇼나곤

"대개 남들보다 뛰어난 이가 그 모습 그대로를 유지하는 예는 거의 없는 것 같습니다.

이치조 천황(一條天皇) 재위 시절, 나카노 관백(中關白)이 위세를 떨치던 시기이자 데이시(定子) 황후가 이치조 천황의 총애를 받던 전성기에, 히가키(檜垣)의 딸[107] 세이쇼나곤(清少納言)이 데이시 황후를

---

106 태정대신 후지와라노 다메미쓰(藤原爲光)의 아들이자 가인이다. 전승에 따라서는 아리와라노 나리히라, 후지와라노 사네카타(藤原實方)라는 설도 있다.
107 세이쇼나곤의 아버지가 히고(肥後) 지방의 장관으로 부임했을 때 '히가키'라는 유녀와 관계를 가진 듯하다. 그래서 세이쇼나곤이 '히가키의 딸'이라는 전승이 생긴 것일까.

섬기면서 남들보다 뛰어나다고 인정받았던 일에 대해서는 『마쿠라노소시』에 세이쇼나곤 스스로 밝히고 있으니 여기서 세세하게 말할 필요는 없습니다.

세이쇼나곤은 와카 면에서 평하자면, 유명한 가인이었던 기요하라노 모토스케(清原元輔)의 딸인데 그런 가문의 사람치고는 별로 뛰어나지 않다고 생각해요. 『고슈이와카슈』에도 그녀의 와카는 아주 조금밖에 수록되어 있지 않습니다. 이는 스스로를 잘 알고 데이시 황후에게 청하여 와카와 관련된 일은 피했던 게 아닐까요? 그렇지 않고서야 그녀의 와카가 너무 적은 것 같습니다.

하지만 『마쿠라노소시』야말로 그녀의 마음을 잘 보여주는 것으로 매우 흥미롭습니다. 흥취 있는 것, 정취 있는 것, 멋진 것, 뛰어난 것에 관해 빠짐없이 쓰면서, 데이시 황후가 영화를 누린 시기에 천황의 총애를 한 몸에 받았던 일을 생생하게 그리고 있습니다. 반면 황후의 아버지 관백이 죽고, 그 뒤를 이은 황후의 오라버니가 유배된 이후의 영락한 모습은 조금도 언급하지 않습니다. 그토록 훌륭한 마음 씀씀이를 보였던 세이쇼나곤이 의지가 될 만한 사람 하나 없었던 걸까요? 유모의 자식을 따라 멀리 시골로 내려가 살게 되었는데, 그녀가 옷을 말리러 밖으로 나와 '옛날 궁중에 있을 때 귀족들의 옷차림을 잊을 수가 없구나'라고 혼잣말 하는 모습을 누군가 보았습니다. 소박한 옷에다가 기운 자국투성이의 천을 쓰개로 뒤집어

쓴 모습은 실로 애처롭습니다. 정말이지 얼마나 옛날이 그리웠을까
요?'라고 말한다.

54. 고시키부노나이시

또 "고시키부노나이시(小式部內侍)야말로 세이쇼나곤 같은 예와
비교해보면 일찍 죽은 것마저 멋지게 느껴집니다. 그처럼 뛰어난
쇼시(彰子) 황후를 모시며 특별히 총애를 받았습니다. 죽고 난 뒤에
도 옷을 하사받는 일은 궁중에 출사했을 때의 마음가짐에서 보면
그 이상의 영광은 없을 것이라 생각됩니다. 전세의 과보(果報)도 생
각대로 된 것이지요. 많은 남자들이 그녀에게 구애하는 중에도 샘
이 날 정도로 처신을 잘해서 후지와라노 노리미치(藤原敎通)의 깊은
사랑을 받았습니다. 또 후에 덕망 높은 승려가 되는 아들을 비롯해
많은 자식을 낳고 세상을 떠난 것은 정말이지 멋집니다.

와카에 대한 평판은 어머니인 이즈미시키부(和泉式部)에는 미치지
못하는 것 같습니다. 그렇지만 그녀가 병이 깊어 임종을 앞두었을
때,

> 어찌할까 갈 곳을 모르겠네
> 부모보다 앞서는 길을 나는 알 수 없으니

라 와카를 읊었더니, 그 길로 병이 나았다는 이야기도 있습니다. 이런 이야기를 보더라도 그녀의 와카가 얼마나 뛰어났는지 알 수 있지요. 또 중납언 후지와라노 사다요리(藤原定賴)에게,

오에 산(大江山) 넘어가는 길 하도 멀어

아직 밟아보지도 못한 아마노하시다테(天橋立)

라 읊은 것도, 그 자리에 맞게 읊은 와카로서는 적절하여 대단히 뛰어나다 생각됩니다."

55. 이즈미시키부

"여인 중에서 읊은 와카 수로 보면 이즈미시키부만큼 많은 와카를 읊은 사람도 없을 겁니다. 성품이나 행동거지 등이 그리 품위 있고 그윽하지는 않아서 그토록 뛰어난 와카를 읊으리라고는 생각되지 않지만, 그럴 만한 전세의 인연이 있었던 게지요. 현세만의 결과로 그리 되지는 않았을 겁니다. 그 많은 와카 중에서도 후지와라노 야스마사(藤原保昌)에게 버림받고 기부네 신사(貴船神社)에서 백일 밤 기도를 드리며,

시름에 잠겨 보니 물가 나는 반딧불이도

이 몸이 떠나 떠도는 넋이 아닐까 싶구나

라 읊은 와카는 실로 가슴이 먹먹해집니다.

깊은 산 속 떨어지는 격류에 물방울 부서지듯

넋이 흩어질 만큼 시름에 잠기지 말라

라고 기부네 신(貴船神)이 답가를 했다는 이야기는 무척이나 멋집니다.

또 딸인 고시키부노나이시가 죽고 난 후, 쇼시 황후로부터 하사받은 옷에 '고시키부노나이시'라는 이름이 붙은 것을 보고,

딸과 함께 같은 이끼 아래에서 썩지 못하고

이 세상에 남은 이름을 보는 슬픔 가없어라

라는 와카를 읊어 황후에게 드렸다고 합니다. 그와 더불어,

홀로 떠나 누구를 가엽다 여기고 있을까

자식일 테지 자식이 가장 가여우니

라 읊은 와카도 무척이나 정취가 깊습니다.

손자인 승려에게,

나를 부모의 부모라 여긴다면 찾아왔겠지요
찾지 않는 걸 보면 내 자식의 자식이 아닌 듯하외다

라는 와카를 읊어 보낸 것도 가슴이 아픕니다.

또한 쇼샤 산(書寫山)에 있는 고승 쇼쿠(性空)에게,

어둠에서 더 어두운 길로 들어갈 것만 같습니다
저 멀리에 비춰주십시오 산 끝에 걸린 달님이여

라는 와카를 보냈더니, 고승은 답가 대신 가사(袈裟)를 보냈습니다.
한편 이즈미시키부는 이 가사를 입고 숨을 거두었다고 합니다. 그
때문일까요? 이즈미시키부는 본래 죄 많은 사람이지만, 이로 인해
저 세상에서 구원을 받았다는 이야기가 있습니다. 무엇보다도 부러
운 일입니다"라고 말한다.

56. 미야노센지

또 "미야노센지(宮の宣旨)야말로 뛰어나다고 생각됩니다. 자고로 남자든 여자든 세간의 이야깃거리가 될 만큼 근심하는 모습을 보이지 않으면, 그런 사람은 정취가 없고 뭔가 빠진 듯한 느낌이 듭니다.

후지와라노 사다요리가 처소를 찾는 일이 뜸해져갈 무렵,

저 멀리 들판 드문드문 흐르는 물길처럼
찾는 이 없는 동안 한숨만 쉬는구나

라 와카를 읊었습니다. 그러던 중에 결국 사다요리의 발길이 끊어지고 말았습니다. 그 후 사다요리가 가모 신사(賀茂神社)에 참배한다는 이야기를 듣고, 먼발치에서라도 다시 한 번 그 모습을 보고 싶어 그녀 또한 신사를 찾아갔습니다.

멀리서 님 모습 보아도 위로가 되지 않는구나
가모 강(賀茂川) 물결 일 듯 그리움 밀려오네

라 읊은 와카는 정말이지 눈물을 자아냅니다.

그리움 견디지 못하는 덧없는 목숨

제정신을 잃어버린 것만 같구나

라 읊은 와카는 거듭 생각해봐도 마음이 끌립니다. 신분고하를 막론하고 어느 누가 시름에 젖지 않겠습니까마는 제정신을 잃을 정도로 근심에 빠졌다고 하는 점이 무척이나 드물고 정취 있어 보입니다"라고 말한다.

그러자, "하지만 정신을 잃을 정도로 사랑에 빠진 이야기는 옛날부터 많이 있는 것 같습니다. 아카조메에몬(赤染衛門)이 '기다린다는 건 도읍에 있는 사람 말이겠지요'[108]라 읊은 것도, 이세노타이후(伊勢大輔)가 '만나는 것 어려우니'[109]라 읊은 것도 자신의 처지에 맞게 읊은 와카로 마음이 끌리지 않을 수 없습니다.

57. 이세의 미야스도코로

실로 명성이 높고 멋지고 기품이 있으며 이상적인 인물의 예로

---

108 '소문을 듣자니 그곳에 줄곧 머문다고요 기다린다는 건 도읍에 있는 사람 말이겠지요'.
109 '만나는 것 어려우니 소식이라도 전해주렴 시가(志賀) 포구의 바람아'. 『우지슈이 모노가타리(宇治拾遺物語)』에 의하면 이세노타이후가 다카시나노 나리노부(高階成順)와 만나기 시작했을 무렵, 남자가 이시야마데라에 칩거하여 소식을 알 수 없어 읊은 와카이다.

과연 이세의 미야스도코로(伊勢の御息所) 정도 되는 사람이 고금을 통틀어 또 있을까요?

우다 천황이 출가하자 이세의 미야스도코로가 은둔하여 조용히 지냈다고 하는데, 비할 데 없이 훌륭하다 생각됩니다. 마당은 떨어진 꽃잎으로 하얗게 덮여 있고 그 사이에 이끼가 드문드문 자라 있으며, 장식 천을 댄 발은 여기저기 해져 고풍스러우면서도 쓸쓸해 보였습니다. 다이고 천황(醍醐天皇) 시절, 황자의 성인식에 사용할 병풍가(屛風歌)를 즉시 지어 올리라고 고레히라(伊衡) 중장을 사자로 보내자,

> 꽃잎이 떨어졌는지 궁금해서 묻고 싶구나
> 옛집에 핀 꽃 보고 돌아오는 사람이라도 있었으면

이라 읊었다는 이야기는 아무리 생각해도 정말로 그 내용도 표현도 뛰어납니다"라고 말한다.

58. 효에노나이시

또 "반드시 와카를 읊고 모노가타리를 편찬하며 정취를 즐기는 것만이 멋지고 훌륭한 일이겠습니까. 무슨 일이든 가도(歌道)에 부

족함이 없다는 정도로 멋지고 훌륭할 리 있겠습니까?[110] 그중에서도 쟁금(箏琴)은 여자들이 즐기는 악기로 여겨지는데, 친근하고 정감이 가는 애절한 음색을 가지고 있습니다. 그런데 신분이 낮은 신참 뇨보나 여동, 시종까지 어설픈 연주를 하고 또 그러한 연주에 흔히 익숙해지는 것이 대단히 유감스럽습니다. 비파는 일반적으로 연주하는 사람이 적습니다. 하물며 드물게 여자가 그것을 익혀 연주하는 것을 들으면 역시 아주 훌륭하고 고상하고 정취 있게 느껴집니다.

미나모토노 히로마사(源博雅)가 오사카 관문(逢坂の關) 근처에 사는 세미마로(蟬丸)에게 백일 밤을 찾아가 비파의 비곡을 전수받았다는 이야기는 생각만 해도 신기하고 훌륭합니다. 비파를 잘 타는 효에노나이시(兵衛內侍)라는 여인이 무라카미 천황(村上天皇) 시절 스모(相撲) 행사 때 겐조(玄上)[111]를 하사받아 연주한 그 음색이 양명문(陽明門)까지 들렸다는 이야기는 더더욱 멋집니다. '히로마사조차 이 정도의 음색은 내지 못했다'라며 당시 사람들이 칭송했다는 일은 여자로서는 아주 드문 경우지요.

와카를 뛰어나게 읊어 사람들에게 칭송받는 예는 예나 지금이나

110　전후의 문맥상 문장의 의미가 다소 모호하다. 가도 외에도 뛰어난 것을 별도로 익히고 싶다는 뜻인가.

111　헤이안 시대 황실에 전해지는 명기(名器). 후지와라노 사다토시(藤原貞敏)가 당에서 가져온 것으로 귀한 악기로 여겨져 관련 일화가 풍부하다.

아주 많습니다만, 이러한 비파 이야기는 그저 신기하고 부러울 따름입니다"라고 말하기도 한다.

59. 무라사키시키부

뇨보들이 나누는 이런저런 이야기를 듣다보니 이해도 되고, 개중에는 꽤나 정취가 있어서 들을 만한 이야기도 있었다. 잠이 깨어 가만히 귀를 기울이며 누워 있었다. 심히 말참견하고 싶을 때도 많았지만, 말해도 소용없다 생각하고 미동도 없이 자는 척하고 있었다.

그러자 또 "하지만 음악은 오로지 내가 살아 있을 동안의 일로, 죽고 나서까지 후대 사람들에게 전해지지 않는 것이 안타깝습니다. 음악의 경우, 남녀를 불문하고 살아있을 때는 뛰어난 예가 많지만 어디 후세에까지 그 음색이 남아있습니까? 와카를 읊고 한시를 지어 이름을 남긴 것이야말로 백 년 천 년이 지나 보더라도 바로 앞에 그 작자를 마주한 느낌이 들어 멋지고 감개무량합니다. 그러니 단 한마디라도 후세에 남을 만한 글귀를 써서 남겨야 한다는 생각이 듭니다.

같은 말을 반복하는 듯하지만, 한없이 부럽고 훌륭한 것은 이런 거죠. 대재원(大齋院) 센시(選子)가 쇼시에게 '무료함을 달래줄 수 있는 모노가타리가 어디 없습니까?'라고 묻자, 쇼시가 무라사키시키부를 불러 '무엇을 올리면 좋겠는가?'라 물었습니다. 무라사키시키부가 '볼 만한 것은 없습니다. 새로 지어 올리시지요'라고 답하자, '그러면 자네가 지어보게'라는 분부를 내렸습니다. 이에 『겐지 모노가타리』를 지었지요. 이것이야말로 아주 멋지고 훌륭합니다"라고 말하는 사람이 있다.

또 "아직 궁에 출사하지 않고 지내고 있을 무렵, 『겐지 모노가타리』를 지은 연유로 쇼시 황태후에게 부름을 받았고 그 때문에 무라사키시키부라는 이름이 붙었다고도 하던데, 어느 말이 맞습니까?

무라사키시키부의 일기에 '막 출사했을 무렵, 사람들이 나에 대해 주눅이 들 정도로 훌륭하고 고상해서 옆에 있으면 거북할 거라 생각한 모양이다. 그런데 의외로 아둔하고 미숙하여 한일자조차 쓰지 못하니 그럴 줄은 몰랐다고 다른 뇨보들이 생각한다'라는 대목도 보입니다.

후지와라노 미치나가(藤原道長) 대신의 모습을 아주 멋지다 생각하면서도 친밀한 사이인 듯 야릇하게 대하지 않은 점이 훌륭합니다. 하지만 쇼시 황태후가 더할 나위 없이 훌륭한 분인데도 아랫사람들이 어려워하지 않고 친근하게 모셨다든가, 미치나가 대신의 모습이 정감 있고 멋졌다든가, 그런 이야기를 대놓고 쓴 것은 내성적인 무라사키시키부에는 어울리지 않는 것 같습니다. 한편으로는 그것이 쇼시 황태후와 미치나가 대신의 본래 성품이기도 하겠지요"라고 말한다.

60. 황후(데이시)

또 "데이시 황후[112]와 쇼시 황태후[113] 중 누가 더 뛰어납니까?"라고
말하니, "데이시 황후 쪽이 용모도 아름다웠다고 하지요. 이치조 천
황도 무척 애정이 깊었습니다. 황후가 죽음을 앞두고,

아는 이 없는 저승길로

지금 떠납니다 마음은 불안하지만

밤새도록 하신 약속 잊지 않으신다면

사랑의 눈물 빛깔 보고 싶습니다

라는 와카를 남긴 것이야말로 감동적이지요. 후에 이 와카를 본 천
황은 얼마나 마음에 와 닿았을까요.

---

112 후지와라노 미치타카의 딸로 이치조 천황의 황후가 되었다. 천황의 총애를 한 몸에 받았
     으나, 부친이 죽고 난 후 정치의 실권이 숙부인 미치나가에게 옮겨가자 비운의 몸이 된다.
     24세의 나이로 죽었다.
113 후지와라노 미치나가의 딸로 이치조 천황의 황태후가 되었다. 고이치조 천황과 고스자쿠
     천황을 낳아 미치나가 가문의 번영의 기틀을 마련하였다. 87세까지 장수하였다.

장송하는 날 밤에 눈이 내려 이치조 천황이,

> 화장터 들판까지 내 마음 같이 가 있거늘
> 내가 온 줄 아무도 모르겠지[114]

라 읊었는데, 이도 아주 멋집니다. 황후가 죽은 후 천황이 고귀한 몸으로 한숨도 못자고 밤을 지새웠다고 하니, 죽어서도 사랑을 받은 황후는 정말이지 멋집니다.

또 부친인 후지와라노 미치타카(藤原道隆) 관백이 죽고 오라버니인 고레치카(伊周) 내대신은 유배되는 등 가문이 기울어 불안하게 지낼 무렵, 한 두중장이 찾아왔습니다. 두중장[115]은 발 곁에 서있다 바람에 들린 발 틈새로 안을 보게 됩니다. 딱 봐도 아주 젊고 아름다운 뇨보 일고여덟이 화려하면서도 격식을 갖춘 옷차림을 하고 시중드는 모습이 뜻밖이었습니다. 가문이 쇠락한 지금은 별로 정취 깊은 모습도 없을 거라 무시했던 마음도 어이없는데, 심지어 정원의 풀이 무성한 것을 보고 '어찌하여 그냥 이렇게 두십니까? 이 풀을 다 베어버리면 좋을 텐데요'라는 말까지 합니다. 그러자 뇨보 사이쇼노

---

114 천황의 행차를 뜻하는 '미유키(御幸)'와 눈의 '미유키(み雪)'라는 단어를 연결시키고 있다.
115 미나모토노 쓰네후사(源經房)인가.

키미(宰相の君)가 '이슬이 맺힌 것을 보시려고 일부러…'라 대답하는데, 이야말로 예전과 다름없이 훌륭하다 생각합니다.

61. 조토몬인(쇼시)

쇼시 황태후에 대해서는 좋다 나쁘다, 말씀드릴 것도 없지요. 무슨 일이든 대단한 예로 가장 먼저 언급되는 시절이라 제가 뭐라 드릴 말씀도 없습니다.

모든 일에 더없는 행운을 누렸습니다. 다만 오래 살다보니 여러 천황을 먼저 보낸 것이 안타까울 따름이지요.[116] 그때마다 심금을 울리는 와카를 읊는데, 실로 다정한 분입니다.

이치조 천황이 죽었을 때,

이젠 만날 일 없네 울며 잠든 꿈속 아니라면
언제 또 당신을 뵙겠습니까

라 읊은 것은 참으로 훌륭합니다.

---

116   남편 이치조 천황을 비롯하여 산조, 고이치조, 고스자쿠, 고레이제이, 고산조 천황을 먼저
보냈다.

또 중납언 미나모토노 아키모토(源顯基)[117]의 편지에 대한 답장에 '이 세상 두 번 등지는 일은 없었겠지요'[118]라 한 것도 아주 애잔하게 느껴져요.

무엇보다 뛰어난 많은 뇨보들이 곁에서 모셨다는 점[119]이 대단하고 훌륭하게 여겨집니다"라고 말한다.

그러자 "그 동생인 겐시(姸子)[120]를 모시던 뇨보들이야말로 아주 화려하고 풍류를 아는 이들이 많았다고 하던데요. 야마토노센지(大和宣旨)도 그중 하나였지요. 때마다 차려입는 뇨보들의 예복이나 외출복도 유례없이 파격적이었고, 뇨보들이 일품경공양(一品經供養)[121]을 한 것도 실로 굉장했습니다.

그런 점에서 쇼시 황태후는 후세에 이름을 남길 정도로 그토록 뛰어난 뇨보들이 모셨음에도 불구하고 그런 일로 이목을 끌지 않도록 스스로 삼갔으니, 각자 저마다의 마음가짐이 보여 훌륭하게 생

---

117 대납언 도시타카의 아들. 고이치조 천황을 가까이서 모시던 신하로 천황의 죽음과 동시에 출가하였다.
118 '한순간이라도 그리운 마음을 위로받았더라면 이 세상 두 번 등지는 일은 없었겠지요'. 쇼시가 1026년과 1039년 두 번이나 출가한 사실을 반영한 와카이다. 와카를 읊은 사정은 다소 다르지만 『에이가 모노가타리』나 『이마카가미(今鏡)』 등에도 비슷한 이야기가 보인다.
119 쇼시를 모시던 뇨보들 중에는 무라사키시키부, 이즈미시키부, 고시키부노나이시, 이세노타이후, 아카조메에몬 등 유명한 이들이 많이 있었다.
120 후지와라노 미치나가의 둘째 딸로 쇼시의 동생. 산조 천황의 중궁으로 1018년에 황태후가 된다.
121 『법화경』 28품을 한 사람당 한 권씩 분담 필사하여 공양하는 것.

각됩니다"라고 말한다.

62. 대재원(센시)

또 "옛날 황녀들 모습을 많이 전해 들었습니다만, 대재원(大齋院)
이야말로 각별히 훌륭했다고 알고 있습니다. 현재 황실의 비(妃)인
분들이야 화려한 현대풍에 그윽하고 고상한 것은 말할 것도 없습니
다. 이에 비해 대재원은 특별할 것도 없는 상록수 그늘에서 아리스
강(有栖川)의 물소리 외에는 찾아오는 이도 없는 그런 환경에 있으면
서 언제나 나태해지지 않고 정진합니다. 더할 나위 없이 훌륭한 분
이라 생각합니다.

아직 젊었을 때는 그럴 수 있지요. 하지만 늙고 쇠약해져 재원(齋
院)의 재위기간이 끝나갈 즈음, 예전에 찾아오던 이들의 발길이 뜸
해지고 새로운 이들이 자주 찾지도 않는 만년의 일입니다. 구월 보
름이 가까워져 달빛이 환한 밤, 운린인(雲林院)에서 몇 날 며칠 계속
되던 염불회 마지막 날에 왔던 당상관 너댓 명이 돌아가는 길에, 재
원이 거처하는 곳의 문이 조금 열려 있어 그 틈으로 살짝 들어왔습
니다. 옛날부터 격조 높다 들었던 재원의 처소 안을 몰래 들여다봅
니다. 인적도 끊겨 적막한데 앞뜰의 초목은 제멋대로 무성하게 자
라 있습니다. 풀잎에 맺힌 이슬은 달빛에 반짝이고, 벌레 우는 소리

가득하고, 뜰에 흐르는 물소리는 고즈넉하게 들립니다. 후나오카 산(船岡山)에서 불어오는 찬바람이 지나가자, 처소 앞에 드리워진 발이 조금 흔들려 실로 향기로운 훈향 내음이 풍겨옵니다. 지금까지 격자도 내리지 않고 달을 보고 계셨나 하고 멋지다 생각하고 있을 때, 처소 안쪽에서 쟁금을 평조로 연주하는 소리가 어렴풋이 들려옵니다. 이런 풍아한 생활을 하고 계시는구나 하며 보기 드물다 생각하는 것도 당연합니다.

한편 재원 쪽 사람들에게 이런 모습을 보았다고 알리지 못한 것을 못내 아쉬워하며 당상관들이 돌아 나오려 할 때, 그곳에서 이야기를 나누고 있던 뇨보 두세 명을 만났습니다. 정취에 취해 함께 거문고를 타다가 새벽이 되어서야 궁중에 돌아와 자신들이 겪은 멋진 일들을 이야기했습니다.

이에 비하면 지금 한참 위세를 떨치는 분의 거처에는 언제나 드나드는 당상관이나 황족들이 많기에 마음을 놓지 못하고 지내는 것도 당연하겠지요.

63. 오노의 황태후(간시)

또 고레이제이 천황(後冷泉天皇)의 황후였던 오노의 황태후(小野の 皇太后) 간시(歡子)는 후지와라노 노리미치의 딸이자 후지와라노 긴토의 손녀입니다. 속세를 떠나 출가한 어느 날 눈 내린 새벽에 시라카와 상황(白河院)이 갑자기 행차했습니다. 눈 위에 발자국 하나 없고 법화당에서는 나지막이 독경을 하고 있었습니다. 침전 남쪽전각에 옷이 열 벌 정도 있었는데, 이 옷의 가운데를 잘라 소매를 스무명 분으로 만들어서 침전 중앙계단에 놓아두었습니다.[122] 시라카와 상황이 수레에 탄 채로 멈추어 서자, 예복을 입은 동녀 둘이 은으로 만든 술병에 술을 담아 사각은쟁반에 금잔을 받쳐 들고 귤을 안주로 내오는 모습이 실로 멋집니다. 미리 준비를 했다면 이보다 더했겠지요. 갑작스러운 일이었지만 정말이지 훌륭하게 준비했습니다. 요즘 세상에는 뭐든지 할 수 있다지만, 그럼에도 좀처럼 이렇게 하기는 어려운 일이지요"라고 말한다.

64. 남성론: 종장

또 무슨 말을 하려는 걸까 궁금해 하며 누워 있자니, 그 젊은 뇨보가 "이렇게 여자들에 대한 품평만 하며 밤을 새우다니요. 남자 품평을 전혀 하지 않으면 재미없습니다"라고 말한다.

---

122 실제로는 열 벌밖에 없는 것을 한가운데를 잘라 뇨보가 실내에 스무 명이나 있는 것처럼 보여 최대한 환영의 뜻을 나타내려 한 것이다.

이에 "확실히 예나 지금이나 남자 품평은 들을 만하지요. 멋진 이야기가 얼마나 많습니까? 이왕 할 거라면 천황 이야기부터 시작하면 어떨까요? 『에이가 모노가타리(榮花物語)』나 『오카가미(大鏡)』는 꼭 읽어보세요. 그 이상 가는 이야기가 세상 어디에 또 있겠습니까?"라고 말하며….

2부

모노가타리를
보는
다양한 관점의
등장

『겐지 모노가타리 고게쓰쇼』 발단_ 기타무라 기긴

『겐지 가이덴』 서문_ 구마자와 반잔

『시카시치론』_ 안도 다메아키라

『겐지 모노가타리 고게쓰쇼』발단

- 기타무라 기긴

고게쓰쇼 발단

○ 이 모노가타리의 작자

『묘조쇼(明星抄)』에 무라사키시키부(紫式部)가 이 작품을 쓴 것은 틀림없다고 한다. 일설로는 부친인 후지와라노 다메토키(藤原爲時)가 쓰고, 여식인 무라사키시키부가 가필을 했다고 한다. 이러한 내용이 『우지 다이나곤 모노가타리(宇治大納言物語)』[123]에 적혀 있는데, 『가초요조(花鳥餘情)』가 이를 인용하고 있다. 【花】『우지 다이나곤 모노가타리』에 이르길, 옛 이야기이지만 에치젠(越前)의 장관 다메토키라 하여 뛰어난 학문으로 세간에 평판이 나 있는 사람이 있었는데, 그가 무라사키시키부의 부친이다. 이 다메토키가 『겐지 모노가타리』를 지었다. 상세한 내용을 여식에게 쓰게 했다고도 한다. 황후가 이 이야기를 들으시고 다메토키의 여식을 불러들이셨다. 『겐지

123　11세기에 성립된 설화집. 『우지슈이 모노가타리』 서문에 의하면 편자는 미나모토노 다카쿠니(源隆國)이다.

모노가타리』를 쓴 것에 대해 이것저것 말씀 올렸다. 궁궐에서 나온 후 썼다고도 한다. 어느 쪽이 사실일까.

【明】이 설은 사람들이 미루어 짐작하는 것이다. 뇨보가 지어낸 이야기라고는 보이지 않으니 이 설도 납득이 가지 않는 바는 아니다. 그러나 무라사키시키부가 재주가 뛰어나고 평범한 사람이 아니므로 다메토키의 작품이라는 설은 신뢰할 수 없는 얄은 생각이다.

○ 호조지 뉴도(法成寺入道)【미도(御堂) 님이다】관백이 필사본 말미에 쓴 글에 이르길, 세간에서는 이 모노가타리를 모두 무라사키시키부가 지은 것이라고만 생각한다. 노 비구가 가필한 부분이 있다.…

【明】이 설 또한 그럴 만하다.

○【三】선학의 설명에 의하면, 이 모노가타리가 에치젠의 장관 다메토키의 작품이라 하는 것은 그르다.…

○【明】『준토쿠인 고키(順德院御記)』[124]【조큐(承久) 2년(1220)】에도 무

---

124 준토쿠 천황은 고토바 천황(後鳥羽天皇)의 제3황자로, 84대 천황에 올랐다. 저작으로 헤이안 시대 가학의 집대성인 『야쿠모미쇼(八雲御抄)』, 궁정 전례 해석서인 『긴피쇼(禁秘抄)』, 일기인 『준토쿠인 고키』가 있다. 『준토쿠인 고키』는 겐랴쿠(建曆) 원년(1211)에서 조큐(承

라사키시키부가 이를 지었다고 쓰여 있다. 또한 후지와라노 기요스케(藤原清輔)가 지은『후쿠로조시(袋草紙)』[125]에 옛 모노가타리의 노래가 찬집(撰集)에 들어간 예는 없다고 한다. 그런데『고슈이와카슈(後拾遺和歌集)』잡가1에 '나 홀로 바라본다 생각했네 산골마을에 근심 없는 달도 밝구나'라는 후지와라노 다메토키의 와카가 실려 있다. 이는『겐지 모노가타리』의 와카인데,[126] (다메토키가 작자라면) 그 모노가타리의 와카가 어찌하여 찬집에 들어 있는가. 고로『겐지 모노가타리』는 무라사키시키부가 지은 것이다.…【師云】선학들의 설 모두 무라사키시키부 한 사람의 작품이라 한다. 당연히 의심의 여지가 없다.

○ 이 모노가타리의 작자 무라사키시키부는 간주지(勸修寺)의 시조 후지와라노 요시카도(藤原良門)의 5대손인 에치젠의 장관 후지와라노 다메토키의 여식이다. 모친은 셋쓰(攝津)의 장관 후지와라노 다메노부(藤原爲信)의 여식인 가타코(堅子)라 한다.

ㅊ) 3년(1221)까지의 일을 기록하고 있는데, 내용에 정치적인 기술은 없고 와카 모임에 관한 것만 있다. 이는 산일된 본문에서 와카 관련서에 인용되어 있는 기술을 토대로 일기를 재구성했기 때문이다.

125 헤이안 시대 후기인 호겐(保元) 연간(1156~1159)에 후지와라노 기요스케가 저술한 와카 가론서이다. 와카의 작법, 칙찬 와카집, 와카 경합, 우타 모노가타리, 가인에 관한 전승 등 이 기록되어 있다.

126 현재 전해지는『겐지 모노가타리』에는 상기의 와카는 보이지 않는다.

『묘조쇼』의 가계도

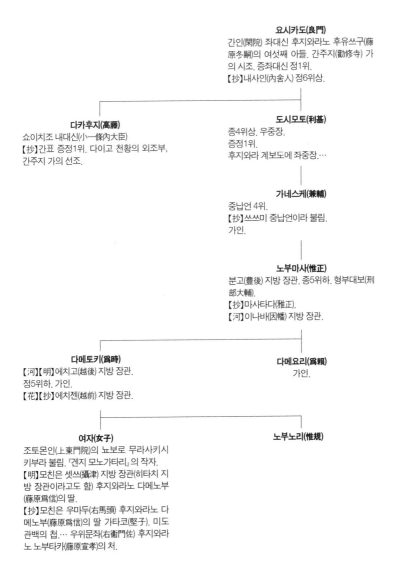

요시카도(良門)
간인(閑院) 좌대신 후지와라노 후유쓰구(藤原冬嗣)의 여섯째 아들. 간주지(勸修寺) 가의 시조. 증좌대신 정1위.
【抄】내사인(內舍人) 정6위상.

다카후지(高藤)
쇼이치조 내대신(小一條內大臣)
【抄】간표 증정1위. 다이고 천황의 외조부, 간주지 가의 선조.

도시모토(利基)
종4위상. 우중장.
증정1위.
후지와라 계보도에 좌중장.…

가네스케(兼輔)
중납언 4위.
【抄】쓰쓰미 중납언이라 불림.
가인.

노부마사(惟正)
분고(豊後) 지방 장관. 종5위하. 형부대보(刑部大輔).
【抄】마사타다(雅正).
【河】이나바(因幡) 지방 장관.

다메토키(爲時)
【河】【明】에치고(越後) 지방 장관.
정5위하. 가인.
【花】【抄】에치젠(越前) 지방 장관.

다메요리(爲賴)
가인.

여자(女子)
조토몬인(上東門院)의 뇨보로 무라사키시키부라 불림. 『겐지 모노가타리』의 작자.
【明】모친은 셋쓰(攝津) 지방 장관(히타치 지방 장관이라고도 함) 후지와라노 다메노부(藤原爲信)의 딸.
【抄】모친은 우마두(右馬頭) 후지와라노 다메노부(藤原爲信)의 딸 가타코(堅子). 미도 관백의 첩.… 우위문좌(右衞門佐) 후지와라노 노부타카(藤原宣孝)의 처.

노부노리(惟規)

○『가카이쇼(河海抄)』에 이르길, 무라사키시키부는 다카쓰카사(鷹司) 님【미도 관백(御堂關白)의 정처, 이치조(一條) 좌대신 미나모토노 마사노부(源雅信)의 여식, 종1위(從一位) 린시(倫子)】을 모신 여성 관인이다. 이어 조토몬인(上東門院)을 섬겼다. 선조에 관해서는 앞에서 주를 달았다. 후에 우위문좌(右衛門佐) 후지와라노 노부타카(藤源宣孝)와 혼인하여 다이니노산미(大貳三位) 벤(弁)【『사고로모 모노가타리(狹衣物語)』의 작자】을 낳았다.

○『가카이쇼』에 이르길, 무라사키시키부의 옛 거주지는 오기마치(正親町)의 남쪽, 교고쿠(京極) 니시즈라(西頬), 현재의 도호쿠인(東北院) 맞은편이다. 이 도호쿠인은 조토몬인의 저택이 있던 자리이다.

【抄】조토몬인은 쇼시(彰子)를 가리킨다.【이치조 천황(一條天皇)의 비이다】 미도 관백 미치나가 공의 장녀이다. 모친은 종1위 린시라 한다.… 조호(長保) 원년(999) 섣달 초하루에 입궁하였다.【나이 12세라고 한다】 조호 2년(1000) 3월 25일 황후가 되었다.【13세】 간코(寬弘) 9년(1013) 2월 14일 황태후(皇太后)가 되었다. 간닌(寬仁) 2년(1018) 정월에 태황대후(太皇大后)가 되었다. 만주(萬壽) 3년(1026) 불문에 귀의하여 비구니가 되었다.【39세】 조토몬인이라 칭하고 법명을 쇼조카쿠(淸淨覺)라 하였다.【이하 생략】

○ 『가카이쇼』에 이르길, 무라사키시키부의 무덤은 운린인(雲林院) 경내 핫코인(百毫院)의 남쪽에 있다. 오노노 다카무라(小野篁)의 무덤 서쪽이다. 『우지 호조 일기(宇治寶藏日記)』에도 무라사키노(紫野)에 있다는 기술이 보인다. 운린인은 준나 천황(淳和天皇)의 별궁이다. 「사카키(賢木)」권에 히카루겐지가 운린인에서 천태 60권을 읽고 잘 이해되지 않는 부분을 설명하도록 하여 들으셨다는 곳이다. 무라사키시키부는 엔랴쿠지(延曆寺) 증승정(贈僧正)의 허락 하에 천태종에 귀의하였다. 일찍이 이 모노가타리에 운린인의 칩거를 쓴 것도 이러한 인연이 있기 때문일까.

○ 무라사키시키부라는 이름

후지와라노 기요스케의 『후쿠로조시』에 이르길, '무라사키시키부'라는 이름에는 두 가지 설이 있다. 하나는 이 모노가타리에 「와카무라사키(若紫)」권을 지은 것에 연유하여 이 이름을 얻었다고 한다. 또 하나는 이치조 천황의 유모의 자식이라는 설이다. 조토몬인을 모시도록 하기 위해 이치조 천황이 자신과 연고가 있는 자라 생각하라고 말씀하셨기에 이 이름이 되었다. 무사시 들판(武藏野)이라는 뜻이다.…【『가카이쇼』도 이를 취한다】

【明】한 포기 지치풀 그 풀이 있으니 무사시 들판에

피어 있는 모든 풀 사랑스러워 보이네

『가카이쇼』에 이르길, 작품에서 무라사키노우에(紫の上) 이야기를 뛰어나게 잘 썼기에 도시키부(藤式部)라는 이름을 다시금 무라사키시키부라 칭하게 되었다고 한다.【『모신쇼(孟津抄)』 동일】

일설에 이르길, 도시키부라는 이름은 그윽한 아름다움이 없다 하여 등꽃의 이름에 연유하는 자(紫)라는 글자로 고쳐졌다고 한다.…【『묘조쇼』 동일】

『묘조쇼』에 이르길,『무라사키시키부 일기』에 좌위문독(左衛門督) 후지와라노 긴토(藤原公任)가 실례지만 이 근처에 와카무라사키가 계시는가라고 물으셨다. 히카루겐지와 닮은 사람도 보이지 않는데 무라사키노우에가 어찌 있겠는가 생각하며 답하지 않고 듣고 있었다.…

【愚案】이는 무라사키노우에 이야기를 뛰어나게 쓴 까닭에 붙은 이름이라 하는 것과 비슷하다.

○ 무라사키시키부가 박학다식하고 학문적 재능이 뛰어남은 말할 필요도 없다. 와카를 들자면 이 모노가타리를 비롯해『고슈이와카슈』이후의 찬집에 많은 와카가 수록되어 있다. 또한『사기(史記)』・『한서(漢書)』등의 구절이 모노가타리에 인용되어 있는 것은 일일이 열거할 수 없을 정도이다.

『가카이쇼』에 이르길, 무라사키시키부의 일기에 오늘은 사가로 나가 『사기』와 한문을 읽었다고 쓰여 있다. 『사기』에 통달한 것은 분명하다.… 천태종 법명을 받은 연유, 또 무라사키시키부는 관음의 화신이라는 설 등이 『가카이쇼』에 쓰여 있다. 또 『묘조쇼』에도 『준토쿠인 고키』에도 이 모노가타리를 처음 이치조 천황이 보시고는 여상한 것이 아니로구나, 무라사키시키부는 『일본기(日本紀)』를 잘 알고 있구나라고 말씀하셨다. 특히 좌위문(左衛門)의 여성 관인이 천황께서 말씀하신 것을 질투하여 '일본기 마님(日本紀の御局)'이라 칭하였다.… 『무라사키시키부 일기』에 이러한 내용이 적혀 있다.【『가카이쇼』에 있다】

○ 이 모노가타리를 지은 계기

『묘조쇼』에 이르길, 무라사키시키부가 조토몬인을 모시는 뇨보로 있을 때의 일이다. 조토몬인【이치조 천황의 황후】의 처소에 대재원(大齋院)【센시 내친왕(選子內親王), 무라카미 천황의 열 번째 황녀】으로부터 진귀한 모노가타리가 있으면 올리라는 요청이 있었다. 무라사키시키부가 『우쓰호 모노가타리』, 『다케토리 모노가타리』와 같은 옛 모노가타리는 이미 읽어 다 아실 거라 답하자, 새로 지어 바치라는 분부가 내려져 곧 지어 올렸다.…【『哘』, 『三』 동일】

어느 주석서에 이르길, 센시 내친왕을 대재원이라 함은 엔유 천황(圓融天皇)의 시대부터 고이치조 천황(後一條天皇)의 시대까지 5대에 걸쳐 재원이었던 바에 의한다. 재원이었던 기간이 57년간이었던 가.…

『묘조쇼』에 이르길, 『가카이쇼』에 있는 주석의 내용은 다음과 같다. 조토몬인의 분부를 받잡고 이시야마데라(石山寺)를 참배하였다. 밤을 지새우며 새 모노가타리 집필을 기원하였다. 때마침 팔월 보름달이 호수에 비쳐 마음이 명징해지자 모노가타리의 풍정이 마음속에 떠올라 우선 「스마(須磨)」와 「아카시(明石)」 두 권을 썼다. 이에 따라 「스마」권에 "오늘이 보름날 밤이로구나 하는 생각이 드셨다"라는 문장을 썼다고 한다.… 그렇기에 이시야마데라를 참배하고 이 모노가타리의 구상을 얻은 연유가 이시야마데라의 연기(緣起)에도 남아 있다고 한다. 그 후 차츰 붓을 더해 54권으로 만들어 바친 것을 권대납언(權大納言) 후지와라노 유키나리(藤原行成)[127] 경에게 정서(淨書)하게 하시어 대재원에게 바쳤다. 이러한 사정을 호조지 뉴도 관백이 필사본 말미에 덧붙였다고 하는 것이다.【師】위는 당류(當流)의 설이다.[128]

『묘조쇼』에 이르길, 『가카이쇼』에 이시야마데라에서 밤을 밝힐

---

127 헤이안 시대 중기의 관인으로 세손지(世尊寺) 가문의 시조이다. 당대의 3대 서예가로 손 꼽혔다.
128 『고게쓰쇼』의 저자인 기타무라 기긴의 스승 미노가타 조안(箕形如庵)은 산조니시 긴에다 (三條西公條)와 산조니시 사네키(三條西實枝)에 사사하였다. 그러므로 여기서 당류라 함은 산조니시 가문의 설이다.

때 모노가타리의 구상을 잊기 전에 써야지 하는 마음에, 불전에 있던 『대반야바라밀다경(大般若波羅蜜多經)』이 쓰인 종이를 쓰겠다고 본존에게 고하고, 그 뒷면에 「스마」와 「아카시」 두 권을 적었다. 후에 죄장을 참회하기 위해 『대반야바라밀다경』 전체 600권을 일필휘지로 써서 봉납하였다. 현재 그 사찰에 전해지는 내용이다. 이 『대반야바라밀다경』과 관련된 이야기는 근거가 없는 듯하다.…『대반야바라밀다경』을 단숨에 쓰지 못하는 사람은 아니지만, 실제 있었던 일은 아니다.

　　　【愚案】위의 설명은 『가카이쇼』에 쓰인 내용을 발췌한 것이다.

○『묘조쇼』에 이르길, 「스마」권에 히카루겐지의 좌천 이야기를 구상한 배경은 다음과 같다. 니시노미야(西宮) 좌대신 미나모토노다카아키라(源高明)[129] 공【다이고 천황의 황자】이 레이제이 천황(冷泉天皇)의 치세인 안나(安和) 2년(969)에 대재부(大宰府)의 차관으로 좌천당하셨다. 도시키부는 어릴 때부터 친분이 있어 이를 안타깝게 여겨 히카루겐지를 좌대신에, 무라사키노우에를 무라사키시키부 자

129　다이고 천황의 열 번째 황자로, 967년에 우대신에 임명되었다가 968년에 좌대신으로 승진하여 '니시노미야 좌대신'으로 널리 불렸다. 969년에 일어난 안나의 변(安和の變)에서 후지와라씨의 밀고로 실각되어 대재부 차관으로 좌천되었다.

신에 빗대었다. 또 재납언(在納言) 아리와라노 유키히라(在原行平),[130] 재상 스가와라노 미치자네(管原道實)[131]의 예도 끌어오고, 주공 단(周公旦),[132] 백거이(白居易)[133]의 옛일을 생각하여 그러한 구상을 했다고 한다.

【愚案】이도 『가카이쇼』에 쓰인 내용이다.

○ **작법**

『묘조쇼』에 이르길, 우선 이 모노가타리의 기본 줄기는 장자(莊子)가 말하는 우언(寓言)에 근거한다. 우언이란 자신이 말하고자 하는 바를 타인의 이야기를 빌려서 하는 것이다. 장자는 글을 쓸 때 이야기를 지어 자신이 말하고 싶은 바를 전하였다. 그 지어낸 이야기

---

130 헤이안 시대 전기의 와카 가인으로, 헤이조 천황(平城天皇)의 첫째 황자인 아호 친왕(阿保親王)의 아들이며, 아리와라노 나리히라의 형이다. 『고킨와카슈』에 수록되어 있는 '스마 유배의 노래(須磨流謫の歌)'로 인해, 이유는 분명치 않으나 스마에서 근신한 적이 있는 것으로 알려져 있다.
131 대대로 문장박사를 역임한 스가와라 가문 출신의 미치자네는 우대신의 지위에까지 올랐으나, 좌대신 후지와라노 도키히라(藤原時平)의 모함으로 변방인 대재부로 좌천되었다.
132 주공 단은 주(周) 무왕(武王)의 아우로, 무왕이 죽자 어린 조카 성왕(成王)을 대신하여 대리청정(代理聽政)을 행하였다. 성왕이 성인이 되자 정권을 돌려주었다.
133 814년 백거이가 태자좌찬선대부(太子左贊善大夫)가 되었는데, 이듬해에 번진(藩鎭)의 반란이 일어나고 자객이 재상 무원형(武元衡)을 암살하는 사건이 일어난다. 백거이는 앞장서서 재상을 살해한 자객을 체포해야 한다는 상소를 올렸으나, 대신들은 그가 간관의 직무를 뛰어넘는 월권을 했다고 비판한다. 이때 또 어떤 이가 이 기회를 틈타 그의 어머니가 꽃구경을 하다 우물에 빠져 세상을 떠났는데 「꽃을 구경하다(賞花)」・「새 우물(新井)」과 같은 시를 지어 예교를 어겼다고 모함해 강주(江州) 자사(刺史)로 좌천당하였다.

는 모두 사실에 근거한다. 지금 이 모노가타리에서 이야기되는 히카루겐지도 실재 인물이 있는 것은 아니지만, 작품에서 그리는 바는 사실에 근거한다. 즉 장자의 작법을 이용하여 구현한 것이다. 무릇 장자의 글에서 모든 경전의 문장이 나왔다고 중국 사람이 칭송하듯, 뛰어난 노랫말이나 문장은 모두 이 모노가타리에서 나온 것이다.

> 【愚案】우(寓)는 기(寄)이다. 본래는 존재하지 않는 사람의 이야기를 지어내 그것에 빗대어 말하고 싶은 바를 표현하는 방법이다.

또 이르길, 이 모노가타리에서 인간의 선악(善惡)을 칭찬하거나 나무라는 방식은 『좌전(左傳)』【『춘추(春秋)』인가】을 따른 것이다. 공자가 『춘추』를 쓴 뜻은 이러하다. 선(善)을 그린 것은 후세 사람들을 선의 길로 북돋아 나아가도록 하기 위함이고, 악(惡)을 그린 것은 무거운 벌로 다스려 후세에 경계하기 위함이다. 이것이 곧 권선징악이다. 이 모노가타리를 지은 작자의 본뜻도 이러하다.

【三】산코인(三光院)[134]의 설에 의하면 글자 한 자를 가려 써서 칭찬

---

134 산조니시 사네키(三條西實枝). 전국 시대에서 아즈치모모야마 시대의 귀족으로 뛰어난 와카 가인이자 조부인 사네타카(實隆), 부친인 긴에다(公條)에 사사한 고전학자이다.

하고 나무라는 것은 『춘추』의 필법이다. 이는 즉 죄악이나 잘못을 글로 벌하는 것이다.…

【抄】예를 들면 글자 하나로 사람의 행위를 칭찬하거나 비방하는 것이다. 이 모노가타리에도 조사 한 글자에 따라 그렇게 되는 예가 많다.

【三】문장에 쓰인 칭찬과 비방의 말은 사마광(司馬光)의 『자치통감(資治通鑑)』에서 배운 것이라 한다.…【抄】이는 모노가타리에서 작중 화자의 말을 빌려 평한 것을 가리킨다.

『묘조쇼』에 이르길, 미려한 문체는 『사기』【사마천(司馬遷) 지음】의 필법을 따랐고, 시간적 추이에 따라 권을 배치한 것 또한 『사기』의 영향을 받았다. 그러므로 이 모노가타리가 어느 하나를 따라 썼다고는 말하기 어렵다. 우언은 장자를, 거짓 없는 기술은 사마천의 『사기』의 필법을 따랐다.

【愚案】각 권에 시간적 경과가 있는 것이 『사기』를 모방했다는 설은 산코인의 설이다. 이에 대해서는 후술하겠다. 또 거짓이 없다는 것은 준거가 확실함을 의미한다.

○ 대의(大義)

『묘조쇼』에 이르길, 이 모노가타리의 대의는 겉으로는 호색요염인 듯 보이지만, 작자의 본뜻은 사람들을 인의오상(仁義五常)의 길로 이끌어 종국에는 중도실상(中道實相)[135]의 신묘한 이치를 깨닫게 하여 출가의 선업을 성취하게 하는 것이라고 한다. 그러므로 『가카이쇼』에도 군신지교(君臣之交), 인의지도(仁義之道), 호색지매(好色之媒),[136] 보리지연(菩提之緣)에 이르기까지 실려 있지 않은 것이 없다고 하였다.【『로카쇼(咮花抄)』 동일】

【抄】무릇 불경(佛經)과 그 밖의 경전은 수많은 설이 있어 해석하기도 이해하기도 어렵다. 이로 말미암아 권현(權現)이라는 방편으로 모든 권실(權實),[137] 불경과 그 밖의 경전의 뜻을 취해 이 작품에 나타냈다. 게다가 가나 마흔일곱 자를 벗어나지 않고 세상에 불법(佛法)을 밝힌 것이 명경을 마주하는 것처럼 자명하다고 한다. 그런데 무릇 천지도 처음과 끝이 있으니 하물며 인간은 어떠하겠는가. 이 모노가타리로 성자필쇠(盛者必衰), 회자정리(會者定離), 생로병사(生老病死), 유위전변(有爲轉變)의 심오한 이치를 제시한다. 이에 상주괴공(常住壞空)[138]의 가르침을 설하니, 번뇌는 곧 깨달음이라는 진리가 이

---

135 우주 만유의 실상은 유(有)도 아니고 무(無)도 아니며 비유비공(非有非空)의 절대 진실의 도리에 맞는 중도라는 것.

136 계절에 맞는 와카의 증답과 악기의 합주 등 남녀 관계의 매개가 되는 것.

137 방편과 진실. 진실의 가르침에 이르기 전에 방편의 가르침을 임시로 설한다는 생각에 기반한다.

138 성주괴공(成住壞空). 불교의 우주관으로 하나의 세계가 성립되고(成) 지속되고(住) 파괴되고(壞) 사라진(空) 후, 또 다른 하나의 세계가 성립되고 지속되고 파괴되고 사라지는 과정을 성주괴공의 4시기로 나누어 4겁으로 우주의 생멸변화를 시간적인 측면에서 설명한다.

모노가타리의 대의이다.

　어느 주석서에 이르길【쇼묘인(稱名院)의 설이다】,[139] 무릇 장자의 우
언을 모방하여 모노가타리를 지었다 하더라도 어느 것 하나 전거(典
據)가 없는 것은 싣지 않았다. 본디 남녀의 도를 근본으로 삼은 것
은 관저(關雎)·종사(螽斯)의 덕이 왕도치세(王道治世)의 시작임을 나
타낸 것이다.[140] 그 가운데 호색음풍(好色淫風)의 좋지 않은 일을 쓴
것은 어두운 면을 보여주는 것이 오히려 효과적이기 때문이다. 군
자가 삼가야 할 바는 오로지 이에 있으니 후대로 하여금 경계하고
자 하는 것이다. 무릇 인의예지(仁義禮智)의 대강(大綱)에서 불과보
리(佛果菩提)의 본원(本源)에 이르기까지 이 모노가타리가 아니면 어
찌 가르침을 구하겠는가. 학자라면 깊이 살펴보아야 한다. 성심으
로 생각하지 않고 헛되이 글을 써서는 안 된다. 또 자연스럽게 공적
이든 사적이든 사람의 마음을 끌고 일본과 중국을 아울러 모노가타
리의 정취를 알게 하였다. 54권에 남녀 관계의 좋고 나쁨에 대해 쓰

139　쇼묘인은 산조니시 긴에다(三條西公條)의 호이다. 전국 시대의 귀족, 가인, 고전학자로,
　　부친인 사네타카로부터 『겐지 모노가타리』의 오의(奧義)를 계승하고, 『묘조쇼』 등의 주석
　　서를 저술하였다. 1528년부터 다음해에 걸쳐 고나라 천황(後奈良天皇)에게 『고킨와카슈』
　　를 진강하는 등, 당대 일류 지식인으로 중용되었다.
140　'관(關)'은 '관관(關關)'의 약어로 부드러운 울음소리, '저(雎)'는 '저구(雎鳩)'의 약어로 암수
　　사이가 좋은 물수리를 가리킨다. 부부간에 화목하고 가정이 원만함을 의미한다. 종사(螽斯)
　　는 여치를 뜻하며 여치가 한 번에 99개의 알을 낳으므로 부부가 화합하여 자손이 번창함을
　　비유하는 말이다.

고, 3~4대에 걸친 군신 관계를 썼다. 관현 연주와 시가의 정취를 때에 따라 상황에 따라 남김없이 그려내 알게 하였다.

『묘조쇼』에 이르길, 천황 4대 70여 년의 흥망성쇠를 지금 눈앞에서 보는 것처럼 그려냈다.···

또 이르길, 이 모노가타리는 전체적으로 호색음란한데 어째서 인의오상을 갖추었다고 하는가 하며 의문을 품는 자가 있다. 이는 도를 모르는 자의 어리석은 견해이다. 사서오경처럼 인의오상을 주내용으로 하는 서적에조차 음란한 악행이 적혀 있다. 이는 앞서 말한 바와 같이 악행을 경계하고자 함이다. 『상서(尙書)』에 아침에 물 건너는 자의 정강이를 자르고 비간(比干)이라는 현인의 심장을 도려낸 일이 적혀 있다.[141] 옛날에도 이러한 일이 있다 하여 본받아서는 안 된다. 『시경』에도 음풍을 적어 경계토록 하였다. 『사기』와 『한서』도 폭정을 적었다. 이는 후대인을 경계하기 위함이다. 불경의 가르침 중에도 제바달다(提婆達多)[142]가 저지른 오역죄(五逆罪),[143] 또 『인

---

141 은나라 폭군인 주왕의 잔혹함 때문에 나라를 파멸시키고 자신도 죽음을 당한 이야기를 쓴 『상서』 「태서하(泰誓下)」편에 "아침에 물 건너는 사람의 정강이를 자르고 어진 사람의 심장을 쪼갠다(斬朝涉之脛剖賢人之心)"는 기술이 있다. 주왕의 숙부이자 신하인 비간이 직언을 계속하자, 참지 못한 주왕은 "성인의 심장에는 일곱 개의 구멍이 있다고 들었다. 그것이 정말인지 보고 싶다"며 비간의 가슴을 가르고 심장을 꺼내게 하였다.

142 제바달다는 기원전 4세기 무렵의 인도인으로 제바라고도 한다. 불전에 의하면 석가세존의 사촌형이다. 석가세존이 깨달음을 얻어 부처가 되었을 때 그를 질투하여 아사세 태자와 결탁하여 세존을 죽이려고 하였으나 실패한다.

143 불교에서 말하는 가장 무거운 다섯 가지 죄. 일반적으로 아비를 죽이는 것, 어미를 죽이는

왕경(仁王經)』에 995명의 왕의 목을 베려고 한 일, 또 아사세 태자(阿闍世太子)가 부왕을 가두고 어머니를 해하려 한 일[144] 등은 말세의 중생을 경계하고자 함이다. 이 모노가타리도 호색음란한 일을 써서 이를 경계로 삼으려 한 것이다. 그래서 사람들이 즐겨 읽는 것이다. 무릇 사서오경은 일반 사람들에게는 알아듣기 어려워 인의지도에 다가가기 어렵다. 하물며 뇨보 같은 이들에게 무슨 득이 있겠는가. 그러므로 우선 알아듣기 쉽게 사람들이 좋아하는 음란한 이야기를 선업의 길로 이끄는 매개로 삼아 중용의 길로 끌어들이고, 그리하여 종국에는 중도실상의 깨달음에 들게 한다. 즉 방편을 통한 가르침이다.

【明】천태교에서 말하는 사교(四敎)에는 화의(化儀)와 화법(化法) 두 종류가 있다.[145] 먼저 화법의 사교라 함은 삼장교(三藏敎)【사아함(四阿含)[146]·팔십송률(八十誦律)·오부율(五部律), 일체의 소승론(小乘論) 정계론

것, 아라한을 죽이는 것, 승려의 화합을 깨는 것, 불신에 상처를 입히는 것을 말하며, 하나라도 범하면 무간지옥에 떨어진다고 설한다.

144 마갈타국의 아세로 왕이 태자로 있을 때 제바달다에게 속아 부처님 제자였던 아버지 빈바사라 왕을 일곱 겹의 담으로 둘러싸인 옥에 가둔다. 어머니가 왕을 살리기 위해 먹을 것을 가져가는 것을 알고 어머니마저 옥에 가두었다.

145 화의는 설법의 방법을 네 가지로 나눈 것이며, 화법은 설법의 내용을 네 가지로 나눈 것이다.

146 초기 불교 경전 모음인 『아함경(阿含經)』을 한역한 것으로, 경전의 길이를 기준으로 한 장(長)아함과 중(中)아함, 취급하는 주제나 대화자의 종류 등에 따라 집성한 잡(雜)아함, 법수에 따라 분류한 증(增)아함을 말한다.

(定戒論)의 삼장(三藏)이다】이다.[147]

여러 가지로 설하지만 결국 나타내는 바는 계정혜(械定慧)의 삼법문이다.[148] 이는 소승이다.

통교(通教)·별교(別教)·원교(圓教)의 삼교는 대승이다.[149] 삼대승이라 함이 바로 이것이다.

【愚案】이는 오시설법(五時說法)[150]에 대해 부처님이 가르치시는 법품을 나누어 말하는 것이다.

화의의 사교라 함은 돈교(頓教)·점교(漸教)·부정교(不定教)·비밀교(秘密教)이다.[151]

【愚案】이는 오시설법의 의식 형태를 나누어 말하는 것이다.

---

147 경(經)과 율(律)과 논(論)의 삼장(三藏)에 설파된 석가 일대의 교법. 천태종에서 소승의 가르침을 일컫는다.

148 불도에 들어가는 세 가지 요체(要諦). 계(械)는 나쁜 짓을 하지 않는 것, 정(定)은 산란한 마음을 안정되도록 하는 것, 혜(慧)는 진리를 깨닫는 것을 말한다.

149 통교는 대승의 첫 단계로 성문, 연각과 보살의 삼승에 공통한다. 별교는 오직 보살에게만 적용되는 가르침이다. 원교는 모든 교설 중 가장 뛰어난 것으로 삼제원융을 가장 중요한 원리로 삼는다.

150 오시란 화엄시(華嚴時), 아함시(阿含時), 방등시(方等時), 반야시(般若時), 법화열반시(法華涅槃時)이다. 부처가 설산에서 각고의 수행으로 도를 이루고 열반에 들 때까지 법을 설한 시기를 오시설법이라 한다.

151 돈교는 청중의 근기를 구별하지 않고 바로 원교의 깊은 뜻을 일시에 널리 설한 법문이다. 점교는 청중의 근기를 감안하여 그것에 적합한 방편을 사용해서 점차 성숙시키는 법문이며, 부정교는 설명의 형식이 규칙적이지 않으면서도 여래가 몸, 입, 마음을 비밀히 구사하여 자재하게 중생을 제도하는 법문, 비밀교는 『법화경』 이전의 설법에서 여래의 법문을 듣고 청중이 근기에 따라 각각 달리 이해하는 법문이다.

이 모노가타리는 사교를 다 가져와 썼다.…

【愚案】이는 이 모노가타리에 비추어 따져보아야 한다. 더 생각할 일이다.

○ 이 모노가타리의 준거

【河】시대는 다이고(醍醐)【60대】·스자쿠(朱雀)【61대】·무라카미(村上)【62대】 삼대에 준한다고 한다. 기리쓰보 천황은 엔기(延喜), 스자쿠 천황은 덴교(天慶), 레이제이 천황은 덴랴쿠(天曆), 그리고 히카루겐지는 니시노미야 좌대신【다카아키라라고 한다】에 해당한다.【『모신쇼』, 『묘조쇼』 동일】

【河】「기리쓰보(桐壺)」권 서두에 나오는 기리쓰보 천황과 갱의의 이야기에 특별히 데이지노인(亭子院)[152]이 언급되어 있다. 이 무렵 늘상 보시는 장한가(長恨歌) 그림, 데이지노인이 그리신 것을 언제나 입에 올리시고,… 또 고려인을 궁 안으로 들게 한 것은 우다 천황(宇多天皇)이 남긴 계훈에 따라,… 이는 천황의 유훈이다.

또 「에아와세(繪合)」권에 스자쿠 천황의 일을 "다이고 천황께서 직접 설명글을 쓰신 것에 더하여, 또 자신의 치세에 일어난 일을 쓰

---

152 데이지노인은 우다 천황의 별칭으로 간표 법황(寬平法皇), 스자쿠인 태상천황(朱雀院太上天皇) 등으로도 불렸다.

셨다"라는 구절이 있다.

또한 쇼센(昭宣)[153] 공의 어머니는 간표 법황(寬平法皇)의 황녀이자 다이고 천황의 여동생이다. 치사대신(致仕大臣)【두중장(頭中將)】의 어머니도 기리쓰보 천황의 친여동생이다. 이 외에도 그 증거는 많다.

　　【愚案】이는 기리쓰보 천황을 우다 천황의 아들인 다이고 천황에 빗대고, 스자쿠 천황을 스자쿠 천황에 빗댄 증거이다.

또 이 모노가타리에서 전거를 쓸 때, 대체로 그 사람의 면모는 남기지만 행적 하나하나를 무리하게 모방하지는 않는다. 한대(漢代)의 서적이나 춘추 시대의 『사기』 등의 실록에도 약간의 같고 다름은 있지만, 결국은 기리쓰보·레이제이 천황을 다이고·무라카미 천황에 빗대면서 당 현종의 고사, 혹은 진시황의 비사(秘事)를 인용하였다. 또한 스자쿠 천황은 황위를 계승할 후사가 없었는데, 이 모노가타리에는 스자쿠 천황의 자손이 금상(今上)이 되며, 레이제이 천황은 보위를 잇는 후사가 없다.【혹설에 여기에 작자의 뜻이 있다고 한다】

　　【抄】진시황의 비사란 일본의 황위계승에는 히카루겐지의 자손인

153　후지와라노 모토쓰네(藤原基經)의 시호이다. 통칭 '호리카와 태정대신'으로 불린다. 숙부인 후지와라노 요시후사(藤原良房)의 양자가 되어 응천문의 변(應天門の變)으로 도모노 요시오(伴善男)를 실각시키고, 고코·우다 두 천황을 옹립하여 최초의 관백이 된다. 딸 온시(温子)를 입궐시켜 여어로 만드는 등, 후지와라 북가(北家) 권력의 기반을 다진 인물이다.

레이제이 천황이 즉위한 것 같은 예가 없음을 말하는 것이다. 중국 에는 진시황이 장양왕(莊襄王)의 아들이 아니라 신하 여불위(呂不韋) 의 아들이라는 설이 있다. 이를 레이제이 천황에 빗댄 것이다.

【愚案】현종의 고사는 「기리쓰보」권에 자세하다.

○ 히카루겐지의 준거

【抄】무릇 모노가타리를 짓는 데 준거로 삼은 사람, 그 행적을 모 방한 예는 하나가 아니다. '히카루(光)'라는 이름은 닌묘 천황(仁明天 皇)의 아들인 산조니시(三條西) 우대신 미나모토노 히카루(源光)[154]에 서 따온 것일까. 미남을 '히카루'라 하는 것은 히로하타(廣幡) 우대신 후지와라노 아키미쓰(藤原顯光)[155] 공의 아들인 시게미쓰 소장(重光少 將)[156]이 천하제일의 미남이라 '히카루 소장'으로 불렸는데, 이를 따 라 한 것일까.

【明】미나모토노 히카루는 여러 방면에 뛰어난 사람이었다. 대체

---

154 헤이안 시대의 귀족. 닌묘 천황의 황자로 미나모토(源)라는 성을 하사 받아 신하의 신분으 로 강등되었다. '산조니시 우대신'으로 불린다.
155 헤이안 시대의 귀족. 사촌형제인 후지와라노 미치나가의 압력에 의해 권력의 핵심에서 계속 밀려났기 때문에 미치나가 일족에 원한을 품은 악령의 이미지로 전해진다. 통칭 '호리 카와 대신(堀川大臣)', '히로하타 대신'으로 불린다.
156 '시게미쓰(重光)'는 후지와라노 아키미쓰의 장남인 '시게이에(重家)'를 착각한 것으로 보인 다. 후지와라노 시게이에는 좌근위 소장(左近衛少將)이었는데 용모가 매우 뛰어나 '히카루 소장(光少將)'이라고 칭송되었다.

로 이 사람을 모방하여 쓴 것이다.

【抄】다방면에 뛰어난 점은 기타노베(北邊) 우대신 미나모토노 마코토(源信)[157] 공의 모습을 모방하여 쓴 것이다.

○ 그 당시에 있었던 겐지(源氏)의 좌천의 예로는 다이고 천황의 황자인 니시노미야 좌대신 다카아키라 공의 경우가 있다. 다카아키라는 도읍으로 돌아와 다시 영화를 누린 사람이다.[158] 다카아키라가 성인식 이전에 미나모토(源) 성을 하사 받은 것도 히카루겐지와 똑같다. 또한 다카아키라의 모친은 갱의(更衣) 슈시(周子)【좌대변(左大弁) 미나모토노 도나우(源唱)의 여식이다】[159]로, 히카루겐지가 갱의의 자식이라는 점에서도 똑같다.

히카루겐지가 유배되어 스마 포구에 내려가 살게 된 일은 중납언 아리와라노 유키히라를 연상하게 한다. 유배생활 중 폭풍우를 만나고 다시 도읍으로 올라오게 된 일은 주공 단의 동정(東征)에 비견된

---

157 사가 천황(嵯峨天皇)의 일곱째 황자로 초대 겐지(源氏)의 시조이다. '기타노베 대신'으로 불린다. 글재주를 비롯하여 그림과 온갖 악기에 조예가 깊었으며 매사냥에도 특별한 관심을 갖는 등, 다방면에 걸쳐 뛰어난 재능과 범상치 않은 기품을 유지했다고 한다.

158 미나모토노 다카아키라는 971년에 사면을 받아 귀경하였으나 정계에 복귀하지 않고 은거하였다. 다만 974년에 봉록 300호를 받은 바 있다.

159 미나모토노 도나우의 최종 관위는 '우대변(右大弁)'으로, '좌대변'에 올랐다는 기록은 보이지 않는다.

다.[160] 또한 스가와라노 미치자네가 대재부에서 하늘에 제사지낸 일
이 있는데,[161] 이는 히카루겐지가 용왕과 스미요시 신(住吉神)에게 기
원을 올리는 장면과 비슷하다.

히카루겐지의 호색적인 면모는 중장(中將) 아리와라노 나리히라
(在原業平)[162]의 풍류를 본뜬 것이다. 즉 니조 황후(二條皇后)[163]의 예를
본떠 후지쓰보 중궁(藤壺中宮), 스자쿠 천황의 상시(尙侍)【오보로즈키
요(朧月夜)】와의 밀통을 그린 것이다.

히카루겐지가 천황의 지위에 오르지 못하고 태상천황(太上天皇)의
존호를 받은 것과 관련해서는 한 고조(漢高祖)의 부친인 태공(太公)의
예가 있다.[164] 이것이 중국의 첫 사례이다. 일본에는 구사카베 황자

---

160 주 성왕의 대리청정을 하는 주공이 왕위찬탈의 의도가 있는 것이라 의심한 관숙(管叔)과
채숙(蔡叔), 그리고 무경(武庚) 등이 반란을 일으켰다. 주공은 직접 대군을 이끌고 그들을 정
벌하러 나섰다. 이를 '주공의 동정'이라고 하는데, 그 결과 주나라의 영역이 동쪽 해안에까
지 이르렀다.

161 후지와라노 도키히라의 모함으로 변방인 대재부로 좌천된 미치자네는 자신의 무고함을
하늘에 호소하기 위해 제문을 지어 읽었는데, 그 제문이 하늘 높이 날아올라 제석천을 지나
범천에까지 이르러 하늘에서 '천만대자재천신(天満大自在天神)'이라고 쓰인 존호가 내려왔
다고 한다. 후세에 천만궁(天満宮) 신앙의 대상이 되어 오늘날에도 학문의 신(神)으로 추앙
되고 있다.

162 헤이안 시대의 귀족이자 와카 가인으로, 예로부터 미남의 대명사로 회자되며 『이세 모노
가타리(伊勢物語)』의 주인공으로 여겨졌다.

163 세이와 천황(淸和天皇)의 여어로 후에 황태후가 된 후지와라노 다카이코(藤原高子)를 말
한다. 입궁하기 전에 아리와라노 나리히라와 연인관계를 맺은 것으로 추정된다.

164 전한(前漢)의 초대 황제인 유방(劉邦)이 고조(高祖)로 즉위한 후 부친 유태공(劉太公)을 태
상황(太上皇)에 봉하였다. 태공은 중국 역사상 처음으로 살아서 '태상황'이 된 예에 해당한
다.

(草壁皇子)의 예가 있다.[165]

【愚云】구사카베 황자는 몬무 천황(文武天皇)의 부친이다.

히카루겐지가 고려의 관상가를 만난 일은 다이고 천황의 황자 분겐 태자(文彦太子)와 통하는 데가 있다.[166] 분겐은 시호이고, 생전에는 야스아키라 친황(保明親王)이라 불렸다. 스물한 살의 젊은 나이에 세상을 떴고, 엔기(延喜) 시대의 전 동궁이다.

【愚云】위 주석서의 설로, 다른 주석서들의 취지도 이와 비슷하다. 무릇 모노가타리는 이처럼 여기저기의 옛일을 전거로 삼아 쓰는 까닭에, 이 작품 첫머리에도 "어느 천황의 치세였던가"라고 하며 시대를 명확히 하지 않은 것이다. 이는 세간의 포폄을 피하기 위함으로, 역시 우언의 작법이다.

165 구사카베 황자는 덴무 천황(天武天皇)과 그 황후인 후의 지토 천황(持統天皇) 사이에 태어나, 이모에 해당하는 후의 겐메이 천황(元明天皇)을 비로 맞이하였다. 몬무 천황, 겐쇼 천황(元正天皇)의 부친이기도 하다. 그 자신은 비록 황위에 오르지 못하고 일찍 죽었으나, 양친과 부인을 비롯하여 자손들이 거의 다 황위에 올랐다. 사후 오카노미야 어우천황(岡宮御宇天皇)이라는 시호를 받아, 오카노미야 천황(岡宮天皇) 혹은 나가오카 천황(長岡天皇)이라 칭해졌다.

166 다이고 천황과 후지와라노 온시(藤原穏子) 사이의 황자로, 엔기 3년인 903년에 태어나 이듬해인 904년에 친왕이 되고 이어 황태자가 되었다. 당시 섭정관백이었던 후지와라 가문의 희망이었으나 923년 21세의 나이로 요절하자, 스가와라노 미치자네의 원령 탓이라는 소문이 돌았다. 태자가 어렸을 때 고려인 관상가가 점을 보았는데, 지나치게 뛰어난 용모 때문에 이 나라에는 맞지 않아 단명할 것이라 예언했다고 한다.

○ 이 모노가타리가 엔기 연간(901~923)을 염두에 두고 썼다는 점에는 심히 깊은 뜻이 있다. 그 까닭은 이러하다. 일본의 국사는 『일본기』부터 『일본삼대실록(日本三代實錄)』에 걸쳐 제58대 고코 천황(光孝天皇) 닌나(仁和) 3년(887) 8월까지의 일이 기록되어 있으나 그 후로 국사가 없었다. 이 모노가타리를 쓸 때 제60대 다이고 천황 대부터 저술한 뜻은 위의 일본 국사를 이어 쓰기 위함이다. 또한 제59대 우다 천황을 제외하고 다이고 천황 대부터 쓰기 시작한 뜻은 그때가 유례없는 성군의 시대였기 때문에 엔기를 시작점으로 한 것이다. 이는 『묘조쇼』에 쓰여 있다.

『사이류쇼(細流抄)』에 이르길, 공자의 『춘추』도 애공(哀公)까지 기록하였다. 노(魯)의 애공은 주(周)의 경왕(敬王) 시대에 해당한다. 그 후 좌구명(左丘明)이 주의 원왕(元王), 정정왕(貞定王)의 시대까지 썼는데 효왕(孝王), 위열왕(威烈王) 이래의 일은 쓰지 않았다.[167] 그래서

---

167 좌구명은 춘추 시대 노나라의 학자로 『춘추좌씨전(春秋左氏傳)』과 『국어(國語)』의 저자로 알려져 있다. 좌구명은 공자가 편수한 『춘추』에 근거하여 주 경왕 때인 BC 476년까지의 춘추시대 역사를 해설한 『좌씨춘추』를 완성하였다. 이것이 한나라 때 『춘추좌씨전』으로 불렸고, 그 후 『좌씨전』, 『좌전』이라고도 하였다. 또한 중국 역사상 첫 국별사(國別史)인 『국어』는 주 목왕(穆王) 때인 BC 990년부터 주 정정왕(貞定王) 16년인 BC 453년까지, 주를 비롯한 8개 제후국의 역사를 담은 책이다. 위에서 원왕, 정정왕은 주의 27대, 28대 왕이며 위열왕은 32대 왕이다. 단 여기에 8대 효왕이 왜 들어가 있는지는 의문인데, 효왕을 빼고 위열왕 이래의 일을 쓰지 않았다고 해야 사실과 부합한다. 위열왕(威烈王)을 이열왕(夷烈王)으로 잘못 표기한 것에서 추정해볼 때 9대 이왕(夷王)과 착각하여 효왕을 언급하는 오류가 발생한 것일까.

사마광이 『자치통감』을 쓸 때 위열왕 23년부터 썼다. 이 또한 『좌전』을 이어 쓰려는 취지인 것이다. 이 모노가타리가 우다 천황의 시대를 쓰지 않은 뜻도 위의 취지와 통하는 것일까.

○ 이 모노가타리 저술 시기

【三】이치조 천황 대의 연호인 간코(寬弘, 1004~1011) 초엽에 처음으로 저술하였고 고와(康和, 1099~1103) 말엽에 유포되었다. 간코부터 고와 사이 백 년 정도이리라. 그렇다 해도 세상에 널리 읽힌 것은 고조노산미(五條三位)【후지와라노 슌제이(藤原俊成)】, 교고쿠코몬(京極黃門)【후지와라노 데이카(藤原定家)】 시절부터이다.…【『묘조쇼』 동일】

○ 이 모노가타리에 대해 선인들이 뛰어나다고 꼽는 점

『준토쿠인 고키』【조큐 2년(1220)】에 따르면, 이 세상에 모노가타리는 셀 수 없이 많은데, 어떤 것은 실제 사건을 다루었고 어떤 것은 가탁하여 쓴 이야기도 있다. 『이세 모노가타리』는 전반적으로 문장이 각별하지는 않으나 개중에 정말 빼어난 문장도 있다. 『야마토 모노가타리(大和物語)』는 수준이 매우 떨어진다. 이 외에 볼만한 것은 없다. 모노가타리를 몰두하여 보지는 않는다. 읽어도 무익하기 때문이다. 『겐지 모노가타리』는 이루 말할 수 없이 뛰어나다. 게다가 보통 사람이 아니라 무라사키시키부가 지은 것이다.… 참으로 온갖

방면의 도를 모두 이 한 편에 응축하여 담았다. 전대미문의 뛰어난 작품이다. 항간에 『겐지 모노가타리』의 와카는 떨어지고 『사고로모 모노가타리』의 와카야말로 좋다는 사람도 있다.… 이는 한심하고 얕은 식견이다. 더구나 동렬에 놓고 비교할 만한 것이 아니다. 물론 『사고로모 모노가타리』의 와카 중에도 더러 괜찮은 것이 있으나, 『겐지 모노가타리』의 와카에는 미치지 못한다. 천양지차이다. 무릇 와카의 도를 아는 것과 모르는 것은 물과 불처럼 다르다. 『겐지 모노가타리』에서 제일로 뛰어난 것은 문장이고, 그 다음으로는 와카이다. 그 누가 이에 미칠 수 있겠는가. 셋째로는 이야기의 작법이다. 허구로써 우미함을 만들어냄이 이보다 더 뛰어날 수는 없으리라. 비록 아직 보지 못한 와카도 말이 필요 없을 것이다.

『미즈카가미(水鏡)』【나카야마 다다치카(中山忠親) 지음】에 이르길, 무라사키시키부가 『겐지 모노가타리』를 지은 것은 보통 사람이 할 만한 일이라고는 생각되지 않는다. 『일본기』를 비롯하여 여러 가문의 일기에 이르기까지 해박하여 당시 사람들은 무라사키시키부를 '일본기 마님'이라 불렀다고 한다. 이 모노가타리 작중인물의 행동을 보건대 남녀 간의 일에 대해서도 귀하고 천함에 따라 분에 맞게 사람 마음을 알게 한다는 의미에서 가르침을 준다.

후지와라노 슌제이가 육백번 노래 경합(六百番歌合)의 판정에서 말하길, 『겐지 모노가타리』를 읽지 않고 와카를 읊는 사람은 유감스럽다고 하였다.

후지와라노 데이카가 말하길, 『겐지 모노가타리』는 무라사키시키부가 지은 와카보다는 이야기가 더 뛰어나다. 그럼에도 이 모노가타리를 보면 풍취 있는 와카가 많이 나온다.…

이 밖에도 여러 주석서에 자세하다.

○ 히카루겐지 모노가타리라는 제목

【肃】작품 전체가 히카루겐지를 둘러싼 사건을 그리고 있다. 따라서 이 제목이 붙었다.【『사이류쇼』 동일】

【河】혹설에 이 모노가타리를 반드시 '히카루겐지 모노가타리'라 불러야 한다고 한다. 종래 '겐지'라는 이름이 붙은 모노가타리가 다수 있는 가운데 '히카루겐지 모노가타리'는 무라사키시키부가 지은 것이다.… 이는 지금 생각하건대 그렇다는 말이다. 『무라사키시키부 일기』에 의하면 간코 6년(1009)에 『겐지 모노가타리』를 이치조 천황이 뇨보에게 읽게 하셨다고 적혀 있다. 또한 『미즈카가미』에도 '무라사키시키부의 겐지 모노가타리'라고 쓰여 있다. 역대 가집의 설명글에도 마찬가지이다. 『오쿠이리(奧入)』에 이보다 앞서 '겐지 모노가타리'라는 것이 있었다고 하는데, 그러면 제목에 '히카루(光)'를 붙여야 한다. 하지만 그러한 류가 없기 때문에 '겐지'라고만 해도 무방하다.

○ 원(源)이라는 글자

【抄】순자(荀子)의 주에 의하면 '근본'이라 하였다. 【愚云】운서(韻書)에는 '물의 근원지'라 하였다.

『사이류쇼』에 이르길, 『고킨와카슈』 서문에 산 속에 흐르는 물이 끊이지 않는다고 했듯이 물의 발원지를 의미한다고 하였다. 민강(岷江)도 발원지에서는 술잔에 겨우 넘칠 만한 물이었으나 하류인 초(楚)에서는 큰 강이 된다【『산곡시집(山谷詩集)』 권4 형돈부(邢敦夫)에게 답하는 시】[168]라고 하는 것과 같다. 이는 여자가 아무 생각 없이 지어낸 것 같아 보여도 그 뜻이 결코 얕지 않다. 대체로 여러 주석서에 자세히 쓰여 있으니 생략한다.

씨(氏)라는 글자는 『정의(正義)』에 의하면 씨(氏)는 가(家)와 같다고 한다. 『석례(釋例)』에 의하면 이를 따로 말할 때 그것을 씨(氏)라 하고 합하여 말할 때 족(族)이라 한다.

○ 미나모토(源)라는 성

【抄】원(源) 자는 술잔에 겨우 넘칠 만한 작은 물이 큰 강의 원천이

---

168 『겐지 모노가타리 주석서』 중 『민고닛소(岷江入楚)』라는 서명의 유래가 된 시구이다. 나카노인 미치카쓰(中院通勝)가 산조니시 가문의 설을 중심으로 자신의 설을 덧붙인 것으로, 양자강의 원류가 되는 민강(岷江)도 하류인 초(楚)에서는 대하가 되는 것에서 주석의 흐름을 집성한다는 뜻을 담았다.

된다는 뜻을 기원하여 쓴 것이다. 이 모노가타리도 그와 같다.

『가카이쇼』에 이르길, 미나모토(源) 성(姓)은 사가 천황(嵯峨天皇)의 황자인 미나모토노 마코토(源信)에서 시작되었다.

【抄】이것은 사가 천황 고닌(弘仁) 5년(814)에 황자와 황녀 30여 명에게 처음으로 미나모토 성을 하사한 것에서 비롯된다. 그 이전에 미나모토 성은 없었다. 그 전에는 황자가 보통 신분으로 강등될 때 여러 가지 성이 있었다. 미나모토 성이 생기고 나서부터는 황자가 다른 성을 갖는 일은 없었다. 그리하여 천황의 자식이 신하가 되는 것을 초대 겐지(源氏)라 한다. 친왕(親王)의 선지를 받으면 친왕이 된다. 겐지는 신하가 될 때 받는 것이다. 또한 친왕의 자식이 신하가 되는 것을 2대 겐지라 한다. 즉 천황의 손자이다.

○ 이 모노가타리의 권수

【마쓰나가 데이토쿠(松永貞德)[169]가 말하길】천태 60권을 본떠『겐지 모노가타리』60권이 되었다고 한다. 그 중에 병권(竝卷) 28권이 있다. 이는『법화경』28품에 견줄 수 있다. 천태 60권은 다음과 같다.

---

169 마쓰나가 데이토쿠는 에도 시대의 하이카이(俳諧)·와카 가인이며, 가학자이다. 구조 다네미치(九條稙通)·호소카와 유사이(細川幽斎)에게 와카와 가학을, 사토무라 조하(里村紹巴)에게 렌가(連歌)를 사사하였다. 풍부한 학식으로 고전을 강의하고 사숙을 열었다. 또한 서민에게 하이카이를 보급하였다.

· 「법화현의(法華玄義)」 10권【천태대사(天台大師) 지의(智顗)가 법화경 제목을 해석한 것이다】

· 「법화현의석첨(法華玄義釋籤)」 10권【묘락대사(妙樂大師) 담연(湛然)이 법화현의를 주석한 것이다】

· 「법화문구(法華文句)」 10권【천태대사가 법화경 문구 하나하나를 해석한 것이다】

· 「소기(疏記)」 10권【묘락대사가 법화문구를 주석한 것이다】

· 「마하지관(摩訶止觀)」 10권【천태대사의 설법을 해석한 것이다】

· 「마하지관홍결(摩訶止觀弘決)」 10권【묘락대사가 마하지관을 주석한 것이다】

10권씩의 책을 합하여 모두 60권이다. 이 모노가타리는 「구모가쿠레(雲隱)」권이라 하여 히카루겐지가 세상을 떠나는 권이 그 권명만 있고, 병권 5권도 결권이기에 54권으로 끝난다. 이는 천태 60권도 「마하지관」 10단 중 3단이 결락된 것과 같다. 그 뿐만 아니라 『주례(周禮)』의 6관 중 「동관(冬官)」, 『대학(大學)』의 「격물(格物)」편도 결락되었다. 이러한 예는 많다.

○ 각 권의 구성

【三】사마천의 『사기』를 본뜬 것이다.

· 「본기(本紀)」 12권【「기리쓰보」권에서 「니오효부쿄(匂兵部卿)」권까지

이다】

- 「세가(世家)」 30권【우지 십첩(字治十帖)이 이에 대응한다】
- 「열전(列傳)」 70권【병권이 이에 대응한다】

○ 이 모노가타리 사본의 동이(同異)

【明】무릇 서체에 초서, 행서, 해서 세 가지가 있다. 또 옮겨 적을 때의 잘못은 이루 헤아릴 수 없을 정도이다. 하물며 장편 모노가타리를 옮겨 적는 이의 실수는 당연한 일이다.

【抄】이시야마데라에서 「스마」와 「아카시」 권부터 쓰기 시작하였고, 이에 더해 54권을 써서 바치자 권대납언 미나모토노 유키나리에게 정서하게 하셨다. 대재원에게 바쳤는데 호조지 뉴도 관백【미도 님이다】이 필사본 말미에 글을 덧붙이길, 이 모노가타리를 세상에서는 모두 무라사키시키부가 쓴 것이라고만 생각한다. 노 비구가 가필한 곳이 있다.…

　　【愚云】『가카이쇼』에 여러 사본에 대해 적혀 있다. 여기서는
　　생략한다.

○ 가우치 본(河內本)

【抄】가우치 지방의 장관인 미나모토노 미쓰유키(源光行)[170]가 쓴 것이다. 【明】여덟 종류를 교합해 취사선택하여 가문의 정본(定本)으로 삼았다.…

> 【愚案】미쓰유키는 세이와 천황의 10대손으로, 가우치의 장관 대감물(大監物)이다.

【抄】이는 이해하기 어려운 부분은 말을 더하거나 빼서 의미가 통하도록 한 만큼 갖가지 설이 생겨나 본래의 작의와는 달라져버렸다.…

○ 청표지(青表紙)

【明】교고쿠 중납언 후지와라노 데이카가 쓴 것이다.

【明】이 모노가타리는 『사기』의 필법을 따라 썼다. 그런데 이 모노가타리를 옮겨 쓸 때 도를 알지 못하는 후대 서생들이 잘못 옮겨 적은 것이라 하며 저마다 생각한 바를 가필하여 고쳐왔다. 그러한 연유로 제대로 된 책이 드물어져 모노가타리의 본의를 잃었다. 이에 데이카 경의 청표지를 정본으로 삼아 본래의 작의를 이해하였다.

---

170 헤이안 시대 말기부터 가마쿠라 시대 초기에 걸친 정치가이자 문학자이다. 『겐지 모노가타리』 연구자이며, 가우치 학파의 창시자로 자리매김할 수 있다.

마땅히 이를 준수해야 한다.…

○ 이 모노가타리의 주석서

· 『겐지노 오쿠이리(源氏奧入)』[171]【미나모토노 유키나리 경의 5대손인
사다노부(定信)의 아들 궁내권소보(宮內權少輔) 종5위상 고레유키(伊行)가 지
은 것이다】

　　【抄】후지와라노 데이카 경이 가필한 모노가타리 정본의 말
　　미에 덧붙인 것에 연유하여 이렇게 부른다.

· 『쓰이추카(追注加)』【후지와라노 데이카 경이 지은 것이다】

　　【愚案】『오쿠이리(奧入)』에 덧붙인 것이다.

· 『스이겐쇼(水原抄)』【가우치 지방 장관인 미나모토노 미쓰유키가 쓴 것
이다. 가우치 본에 따른 주석서이다】

· 『시메이쇼(紫明抄)』【미나모토노 미쓰유키의 아들 식부승(式部丞) 지
카유키(親行)의 동생인 시운지(紫雲寺) 소자쿠(素寂)가 쓴 것이다. 가우치 본에
따른 주석서이다】

· 『겐추사이히쇼(源中最秘抄)』[172]【같은 사람이 쓴 것이다. 『겐지 모노가

171　이는 『겐지샤쿠(源氏釋)』를 가리킨다. 헤이안 시대 말기에 지어진 현존하는 가장 오래된
　　『겐지 모노가타리』 주석서이다. 이를 잇는 주석서인 후지와라노 데이카의 『오쿠이리(奧
　　入)』에서도 『겐지샤쿠』는 중요시되고 있다.
172　가우치 가의 주석서인 『스이겐쇼』 중의 비설을 초출한 것이다. 미나모토노 지카유키가 지
　　은 것에 그 아들인 쇼카쿠(聖覺)와 손자인 교아(行阿)가 대대로 가필·증보한 것이다. 현존하

타리』의 비설을 적은 것이다】

· 『겐지론기(源氏論義)』[173] 【고안(弘安) 연간(1278~1287)에 『겐지 모노가
타리』의 난제를 논한 것이다】

【明】후시미 천황(伏見天皇)이 동궁이던 시절의 일이다. 【抄】좌
방과 우방 여덟 명이 각각 두 문제씩 내어 승부를 가렸다.

· 『가카이쇼』 20권 【준토쿠 천황의 3대손인 좌대신 요쓰쓰지 요시나리
(四辻善成) 공이 쓴 것이다. 일설에 의하면 쇼간지(松巖寺) 좌부(左府)라 칭하
였다. 법명은 조쇼(常勝)이다】

【明】이는 『스이겐쇼』의 장점을 버리고 거기에 고사내력을 끌
어와 의미를 기술한 것이다. 가우치 가문의 학풍에 가깝다.

『가카이쇼』 서문

'히카루겐지 모노가타리'는 간코 초엽에 지어져 고와 말엽에 유포
된 이래, 대대로 즐길거리로서 어느 자리에서나 화제가 되었다. 그
중 중납언 후지와라노 데이카는 각 권의 이해하기 어려운 곳에 주

는 것은 1364년에 교아가 후손에게 전하기 위해 정리한 것이라고 한다.
173 고안 3년(1280) 10월 5일 밤에 동궁(후의 후시미 천황) 앞에서 행해진 『겐지 모노가타리』
    의 난제 16개조에 대한 논의 문답의 기록 형태를 취하고 있는 토론 형식의 주석서이다. 토
    론 형식의 주석서 중에서는 가장 오래된 것으로 평가된다. 좌방에 아스카이 마사아리(飛鳥
    井雅有)·다카쿠라 노리후지(高倉範藤)·지묘인 조와(持明院長和)·미나모토노 도모아키
    (源具顯), 우방에 후지와라노 야스요시(藤原康能)·야마모모 가네유키(楊梅兼行)·후지와
    라노 사다나리(藤原定成)·후지와라노 다메카타(藤原爲方)가 참여하였다.

모노가타리는 어떻게 읽혔을까
188

를 달아 『오쿠이리』라 칭하였고, 대감물 미나모토노 미쓰유키는 각 가문에 전하는 비전을 초록하여 『스이겐쇼』라 이름 지었다. 그뿐만 아니라 후시미 천황이 황태자로 계셨을 때 좌우 두 무리로 나누어 논제를 내게 하여 논쟁하게 하셨다. 나시쓰보(梨壺)의 뛰어난 와카 가인에게 분부를 내리시어 『만요슈』를 해독하게 하신 예를 따른 것인가,[174] 고다이고 천황(後醍醐天皇) 재위 초기에는 구로토(黑戶)의 인원을 정하여 54권을 강석하게 하신 적이 있었다. 돌아가신 스승인 단바노 다다모리(丹波忠守)[175]는 겐지 연구 일곱 개 유파의 해석을 연구하였다. 궁중의 편찬 명령에 응하여, 빈번하게 고문을 맡아 종종 비설을 진강하였다. 이에 부족하나마 학풍을 이은 자로, 그 옛날의 고레미쓰(惟光)와 요시키요(良清)[176]의 기풍을 흠모하는 미천한 노인이 있다. 계수나무 가지를 꺾는 방법을 배운 옛날부터 메밀잣밤나무 밑 머물 곳을 찾는 지금에 이르기까지 녹색 소맷자락 바뀌지

---

174 951년 무라카미 천황의 명에 의해 와카를 관장하는 나시쓰보의 다섯 가인이 『만요슈』의 해독 작업을 행하였다.

175 가마쿠라 시대 후기에서 남북조 시대 초기에 걸쳐 활약한 가인이자 관인, 의사였다. 니조파(二條派) 가인으로 『교쿠요와카슈(玉葉和歌集)』 이하의 칙찬집에 11수가 수록되어 있다. 『겐지 모노가타리』 연구자로 요쓰쓰지 요시나리에게 『겐지 모노가타리』를 전수하였다.

176 『겐지 모노가타리』의 등장인물이다. 『가카이쇼』를 쓴 요쓰쓰지 요시나리는 '종5위하 모노가타리 박사 미나모토노 고레요시(從五位下物語博士源惟良)'라는 이름으로 서명을 하였는데, 이는 히카루겐지의 종자로서 본명으로 등장하는 두 인물인 후지와라노 고레미쓰(藤原惟光)와 미나모토노 요시키요(源良清)의 이름을 합한 것이라는 설도 있다.

않은 한스러움을 잊고,[177] 무라사키시키부의 붓이 지나간 자리에 물든 마음을 나타내보려 한다. 그러한 연유로 말의 숲에서 놀며 바른 뜻과 곡해된 뜻을 가리고, 선학이 연구한 바닷물을 퍼 올려 그 깊고 얕음을 판별한다. 바위틈에 뿌리 내린 소나무처럼 사람들이 모르는 말을 찾아내니 겨우 처마 끝 물억새 이삭이 피는 것과 같다.[178] 모아서 20권으로 하였다. 이름 하여 '가카이쇼(河海抄)'라 한다. 본래 창가의 반딧불이와 나뭇가지에 쌓인 눈을 가까이 하지 않으니 견식이 얕고 과문함이 부끄럽지만, 옛것을 익혀 새것을 아는 가교로 하고자 이를 쓴 것이다.

・『가초요조』 20권【젠코 이치조 가네요시 공이 지었다. 시호는 조온지(成恩寺)라 한다.【明】두 본이 있는데, 그중 하나는 쓰쿠시로부터 요청에 의해

---

177 '계수나무 가지를 꺾는다(桂を折る)'는 표현은 본래 『진서(晉書)』에 나오는 고사로 관리등용시험에 합격한 것을 의미한다. 『겐지 모노가타리』 「후지노우라바」 권에서 유기리(夕霧)가 급제한 것을 이로 표현하였다. '메밀잣밤나무 밑(椎が本)'은 가오루(薫)가 읊은 와카에 등장하는 표현으로, 자신을 불도로 이끌어줄 사람으로 의지하고 있던 하치노미야(八の宮)를 가리킨다. '녹색 소맷자락(綠の袖)'은 「호타루」 권에 나오는 표현으로 유기리의 낮은 관위를 상징한다. 이러한 표현을 사용함으로써 당대의 『겐지 모노가타리』 독자들은 작품의 장면을 떠올리고 교감하였을 것이다.
178 '바위틈에 뿌리내린 소나무(巖根の松)'라는 표현은 무라사키노우에가 아키코노무 중궁(秋好中宮)에게 와카를 보내는 장면에 나온다. 와카를 올려놓은 상자 뚜껑에 세공품을 장식하여 가을 풍정을 나타내었는데, 이중 '바위틈에 뿌리내린 소나무' 세공품도 '잘 보면 뭐라 말할 수 없이 정교하다'라는 구절이 있다. '처마 끝 물억새(軒端の荻)'는 히카루겐지가 노키바노오기(軒端荻)에게 보낸 와카에 나오는 표현이다.

그곳에 있고, 다른 하나는 미노(美濃)에 있는 것인가. 따라서 두 본이 다르다】

【明】『가카이쇼』의 오류를 바로잡아 그 뜻을 밝혔다. 이 역시 청표지본과는 맞지 않는 부분이 있다. 청표지본으로는 『오쿠이리』의 취지를 알 뿐이다. 그렇지만 『가카이쇼』와 『가초요조』 두 주석서의 설이 없다면 어찌 모노가타리를 이해하겠는가. 가장 보배로운 주석이다.

『가초요조』 서문

화금(和琴)을 만 가지 악기의 최상으로 치고 보랏빛을 만 가지 색상 중 가장 고귀하게 여기듯, 샘이 깊은 물은 마르는 법이 없고 흠 없는 옥은 닦으면 더욱 빛을 발한다. 우리나라가 가진 보배 중에 『겐지 모노가타리』보다 나은 것은 없으리라. 때문에 대대로 사람들의 즐길거리가 되고 화조풍월을 표현한 작품으로 여겨졌으나, 각 가문의 주석이 제각각인지라 형설지공(螢雪之功)을 쌓아도 알기 어려웠다. 모 대신이 쓴 『가카이쇼』는 옛 주석과 지금의 주석을 비교하여 깊고 얕음을 가렸으니, 주석서 중 가장 이 모노가타리의 취지에 합치하여 규범이 되었다. 그렇지만 문장의 바다에 그물을 던져도 이를 빠져나가는 물고기가 있음을 알고, 말의 숲에서 나무 그루터기를 지켜 토끼를 얻었다.[179] 누락된 것을 줍고 잘못을 고치는 것은 선학이 해야 할 일인 바, 어리석은 견해이지만 마침내 필설로 풀어 '가초요조(花鳥餘情)'라 이름 지었다.

· 「겐고히케쓰(源語秘訣)」 1책 【『겐지 모노가타리』의 15개조의 비설이 있다. 이치조 가네요시(一條兼良) 지음】
· 「와히쇼(和秘抄)」 1책 【이치조 가네요시 지음】
· 「연표」 1권 【이치조 가네요시 지음】

지금까지 모두 가우치 본을 이용하고 청표지본을 이용하지 않았는데, 내대신 산조니시 사네타카(三條西實隆) 공【호는 쇼요인(逍遙院)】[180]은 니조 가문의 가도(歌道)를 다시 일으키시고, 소기(宗祇)[181]와

---

179 『한비자(韓非子)』에 나오는 '수주대토(守株待兔)'는 나무 그루터기에 부딪혀 죽은 토끼를 손에 넣은 농부가 이후 일을 그만두고 토끼를 얻고자 그루터기를 밤낮으로 지켰다는 고사에 유래하는 것으로, 본래 구습과 전례만을 고집하거나 요행을 바라는 것을 비난하는 의미로 사용된다. 그러나 여기서는 '기다리다(待)'가 '만나다(會)'로 바뀌어 있다. 『가카이쇼』에서 빠진 부분을 요행히 보완하였다는 의미로 파악해야 문맥이 통한다.
180 와카 가인이며 고전학자. 이치조 가네요시와 함께 와카·고전문학 등의 귀족문화를 발전시켰으며, 소기에게 사사한 고전을 아들인 긴에다(公條)에게 전수하였다. 이것이 후에 니조파의 본류가 된다. 『겐지 모노가타리』와 관련하여 「사네타카본 겐지 모노가타리 계보도(實隆本源氏物語系圖)」를 만들었으며, 아들 긴에다가 『묘조쇼』를 저술하는 데 기초를 제공하였다. 산조니시 가문의 『겐지 모노가타리』 연구의 시조이다.
181 무로마치 시대의 렌가 가인. 렌가론서 『아즈마 몬도(吾妻問答)』 등을 저술하였으며, 『겐지 모노가타리』의 주석서인 『슈교쿠헨지쇼(種玉編次抄)』 등 고전 주석서도 다수 집필하였다.

상의하여 청표지본을 사용하셨다. 그 후 대대로 이 흐름을 이어 청표지본을 사용하셨다.

· 「후신쇼슈쓰(不審抄出)」 1권【소기 지음. 『가카이쇼』와 『가초요조』 두 주석서 외 의문점에 대해 가네요시 공과 질의 응답한 것이다】

· 「하하키기 별주(帚木別註)」 1권【소기 지음】

· 『로카쇼』 8권

【抄】쇼하쿠(肖柏) 옹이 쓴 『기키가키(聞書)』를 쇼요인이 윤색한 것인가. 고가(久我) 가문의 방계인 보탄게(牧丹花) 옹은 호를 무안(夢庵)이라 한다.[182]

· 『사이류쇼』 20권【산조니시 긴에다(三條西公條) 공의 호는 쇼묘인인데, 이를 지었다】[183]

【師說】이는 『로카쇼』를 기본으로 삼아 부족한 부분을 보완하

와카의 사이교(西行), 하이쿠의 마쓰오 바쇼(松尾芭蕉)와 함께 대표적인 방랑 가인으로 꼽힌다.

182 쇼하쿠는 무로마치 시대 중기의 렌가 가인으로 호는 보탄게, 무안 등을 사용하였다. 소기에게 렌가를 사사하였다. 이치조 가네요시와 소기의 『겐지 모노가타리』 강석을 쇼하쿠가 기록한 주석서가 『겐지 모노가타리 기키가키(源氏物語聞書)』이다. 「겐지 모노가타리 기키가키」라 불리는 주석서는 이 서적을 비롯해 다수 존재하나, 쇼하쿠의 『겐지 모노가타리 기키가키』가 가장 대표적이다.

183 『사이류쇼』는 산조니시 긴에다의 부친인 사네타카가 지은 것인데, 「긴에다 기키가키(公條聞書)」라고도 불렸다. 이러한 이유에서 부친 사네타카와 아들 긴에다가 혼동되어 사용된 것으로 보인다.

고, 『가카이쇼』, 『가초요조』의 오류를 바로잡고 취할 부분을 취하시어 『가초요조』의 설은 이러하다, 『가카이쇼』는 이러하다, 혹은 어느 주석서에 상세하다 등으로 나타내셨다.…

·『묘조쇼』20권【산조니시 사네즈미(三條西實澄) 공의 호는 산코인(三光院)인데, 이를 지었다…】[184]

【師說】『사이류쇼』에 발단(發端) 1책을 더하고 곳곳에 약간의 보완을 하였다.

·『모신쇼』21권【젠코(禪閤) 구조 다네미치(九條稙通) 공이 지었다. 도코인(東光院), 구야먀(玖山) 공으로 불렸다】

마쓰나가 데이토쿠 옹이 이르길, 외조부 쇼요인 님의 『겐지모노가타리』 비전이 있다.

쇼묘인 님께 재차 물으며 그 뜻을 파고들고, 산코인 님께 묻기를 여러 차례 하였다.…【愚案】이 『모신쇼』는 『가카이쇼』, 『가초요조』, 소기의 「하하키기 별주」, 『로카쇼』 등을 이용하여 핵심을 취해 요약하고, 부족한 곳에는 어설(御說)을 더하였다. 단 서사 시 오류가 적지 않아 의심스러운 데가 많다. 따라서 어설의 인용이 열에 서넛도 안 됨이 애석하다.

---

184 산조니시 사네즈미는 산조니시 사네키(三條西實枝)의 이칭이다.

『모신쇼』 서문

'히카루겐지 모노가타리'는 간코 초엽에 지어져 고와 말엽에 유
포된 이래, 대대로 즐길거리로서 어느 자리에서나 화제가 되었다.
일본의 지보만법(至寶萬法) 그 무엇이 이에 담겨 있지 않겠는가. 더
욱이 와카의 심오한 뜻이 이 모노가타리 전편에 다 들어 있으니 뜻
을 알기를 바랐다. 이에 뉴도 전 우대신[185]의 강석을 들으니 『가카이
쇼』, 『가초요조』의 취지가 산조니시 가문의 해석과 맞거나 혹은 맞
지 않는 것이 있다. 이를 취사선택하고 거기에 『로카쇼』의 핵심을
가필한 뒤에 의문 나는 점을 다시 물어,[186] 그 뜻이 합당하면 '우의(愚
意)'로, 거듭 부연할 때는 '사(私)'로 표시하였다.

대저 이 모노가타리의 심원함을 비유하자면 다음과 같다. 장건
(張騫)은 굽이쳐 흐르는 황하(黃河)가 곤륜산 어디에서 시작되는지
그 물의 발원지를 알고자 뗏목을 타고 다닌 지 3년이 지난 가을 초
엽에 은하수에 이르렀다. 견우직녀 두 별에게 이곳이 어딘지를 묻
자 맹진(孟津)이라 답하였다. 이에 놀라 돌아갔다. …[187] 이 모노가타

---

185 『모신쇼』의 저자 구조 다네미치의 숙부인 산조니시 긴에다를 가리킨다.
186 산조니시 긴에다의 사후에는 사네키에게 의문점을 물어 그 주기(注記)를 적었다고 한다.
187 장건은 실크로드를 개척한 인물로, 『형초세시기(荊楚歲時記)』에 한 무제(武帝)가 장건으
로 하여금 대하에 사신으로 가서 황하의 근원을 찾게 하였다는 기술이 있다. 장건이 뗏목을
타고 가다가 견우와 직녀를 만나 그곳이 은하수의 근원지인 맹진이라는 말을 듣고 돌아와
무제에게 보고하였다고 한다.

리도 이와 같다. 작자의 뛰어난 재능은 신선의 조화도 미치지 못한다. 본서의 집필을 끝마친 날이 마침 칠월칠석이므로 그 이름을 '모신쇼(孟津抄)'라 하였다.[188]

범례

O『모신쇼』에 이르길, 『겐지 모노가타리』를 읽을 때는 마음을 바로잡고 성자필쇠의 이치를 지켜보아야 한다. 나쁜 마음으로 읽으면 쓸데없이 호색으로 치우친다. 이러한 뜻을 잘 분별하여 읽어야 한다.…

O 우선 지난해 미노카타 조안(箕形如庵)【하치조노미야(八條宮)를 모셨다】에게 이 모노가타리의 강습을 받았다. 15개 비전(秘傳)과 3개의 구전(口傳) 등을 청해 들었다. 또 돌아가신 스승 쇼유켄(逍遊軒) 마쓰나가 데이토쿠에게 「기리쓰보」권 강론을 듣고, 이 모노가타리 구전 등을 다시 들었다. 스승 미노카타 조안은 본래 쇼묘인 산조니시 사네타카와 산코인 산조니시 사네즈미에 사사하여, 하치조노미야

---

188 구조 다네미치는 자신의 학문이 아직 입구에 서 있다는 겸손의 표현으로, 또한 칠월칠석에 주석서가 완성되었기에 서명을 이렇게 붙인 것이다.

에게 진강하였다 한다. 그렇기에 이 강론에서는『사이류쇼』를 주로 삼으셨다. 또 쇼유켄은 도코인 구조 다네미치를 따르며 이 모노가 타리의 깊은 뜻을 살피는 데 정진하였다. 그 후 때때로 구조 유키이 에(九條幸家)[189] 공 앞에서 질문에 답하기도 하셨다. 그렇기에 쇼유켄 은 항상『모신쇼』를 중시하셨다. 따라서 본서에서도『사이류쇼』와 『모신쇼』를 기본으로 삼고『가카이쇼』와『가초요조』의 요점을 취 하였다. 스승이『로카쇼』,『묘조쇼』에서 발췌한 설을 더하고, 또 어 리석지만 내 생각을 붙였다. 이 모노가타리를 읽는 초심자에게 도 움을 주고자 함이다.

○ 본서에『가카이쇼』,『가초요조』,『로카쇼』,『사이류쇼』,『묘조 쇼』,『모신쇼』등의 여러 주석서를 인용할 때는 위첨자로【河】,【花】, 【唒】,【細】,【明】,【孟】으로 나타내었다.

○ 전해 내려오는 여러 주석서를 교감(校勘)하여 내가 보고 들은 바를 더한 것은 모두 아무개의 설, 또【或抄】, 혹은【抄】라고만 표시 하였다.

---

189   에도 시대 초기의 귀족. 후지와라씨 섭관가인 구조 가문의 당주로 관백, 좌대신에 올랐다.

○【師說】이라 표시한 것은 모두 미노카타 조안 옹의 설이다. 묘진 거사(明心居士) 마쓰나가 데이토쿠의 설은 거의 없다. 또【三】이라 쓴 것은 산코인의 설을 스승이 설명한 것이다.

○ 여러 주석과 해설 아래에 나의 생각을 적은 것은【愚案】이라 표시하였다. 또 여러 주석서의 주가 달리지 않은 부분에 위첨자 표시 없이 주를 단 것은 부족하나마 모두 나의 생각이다.

○『가카이쇼』,『가초요조』,『로카쇼』,『사이류쇼』,『묘조쇼』,『모신쇼』의 설이라 해도『사이류쇼』와『모신쇼』에 인용되어 있는 것은 대개 원 주석서를 표시하지 않고『사이류쇼』,『모신쇼』라 적었다.『사이류쇼』의 설이『가카이쇼』,『가초요조』,『로카쇼』,『모신쇼』의 설과 그 내용이 동일할 때는【『가카이쇼』동일】,【『가초요조』동일】,【『로카쇼』동일】,【『모신쇼』동일】로 표기한다. 기타 이에 준한다.

○ 여러 주석서의 고사나 내력, 주해 등, 내용이 긴 경우는 원문의 구절을 두주(頭註)에 적었다. 또 등장인물의 말, 대화, 심중사유, 설명글 등, 어구의 해설이 적은 경우는 원문 옆에 방주(傍註)를 달았다. 모두 초심자들이 보기 쉽도록 하기 위함이다.

○ 인용된 와카의 경우는 원문의 어구에 '一'로 표시하여 두주에 이를 적었다. 인용 와카의 상구만 표시하거나 혹은 하구만을 표시하는 것은 어린아이라도 읊조리는 누구라도 알 만한 것이거나 또는 앞서 나온 와카임을 알아야 한다.

○ 원문의 어구 외의 설명, 속뜻 등은 간략하게 설명한다고는 해도 두루 적기 어렵다. 주의를 기울여 읽어야 한다.

○ 위의 여러 주석서 외에 비설(秘說) 혹은 구결(口訣)이라 하여 교설들이 있으나 『가카이쇼』, 『가초요조』, 『로카쇼』, 『사이류쇼』, 『모신쇼』 등의 주석서에 나오지 않은 것은 신뢰할 수 없다. 고로 본서에서 취하지 않았다. 다만 도카(桃華)[190]의 비결(秘訣) 세 가지 대사(大事) 등 각별한 것은 더한다.

○ 무릇 이 모노가타리에 등장하는 인물들의 모습, 행적, 일가의 풍습, 와카의 풍체에 일관되게 신분의 차가 있다. 그 분에 맞는지 아

---

190 『고게쓰쇼』에 연표와 함께 게재되어 있는 「덴분본 겐지 모노가타리 계보도(天文本源氏物語系圖)」의 권말 기록에 의하면, 이 계보도는 덴분(天文) 19년(1550) 6월에 '도카(桃華)'라는 인물이 다른 이의 요구에 응해 서사한 것이라 적혀 있다. 이 인물은 이치조 가문의 인물로 추정되나 누구인지 특정할 수는 없다.

닌지에 주의를 기울여야 한다. 우열을 헤아려 분에 맞는 것을 익히면 평소 수신하는 데 도움이 되지 않겠는가.

○ 각 권에 이름을 붙인 방법

【花】무릇 54권의 권명은 네 종류가 있다. 첫째는 본문의 어구를 취한 것, 둘째는 와카를 취한 것, 셋째는 어구와 와카 양쪽을 취한 것, 넷째는 와카에도 어구에도 없는 표현을 권명으로 삼은 것이다. 천태교에 사문(四門)[191]이 있는데, 첫째로는 유문(有門), 둘째로는 공문(空門), 셋째로는 역유역공문(亦有亦空門), 넷째로는 비유비공문(非有非空門)이다. 이를 본떴다고 한다.…

【愚案】권명의 네 종류가 반드시 천태의 사문과 부합하는 것은 아니다. 『가초요조』의 설은 다만 '4'라는 숫자만을 가져왔다는 뜻이리라. 사문에 대해 말하자면 천태교에 삼장교, 통교, 별교, 원교의 사교에 각각 사문이 있어 십육문이 세워진다. 사교 모두 사문의 뜻과 품(品)에 따른다. 여기서는 번잡하니 생략하고 별도로 적겠다. 그 품에 관해서는 「법화현의」 8권, 「마하지관」 6권에 자세하고, 원교의 사문은 「법화문구」 4권에 실려 있다. 또한 『겐지 모노가타리』의 체제를

191 천태종에서 설하는 진리를 깨닫기 위한 4개의 문.

이 사문의 도리에 끼워 맞추는 설이 있다. 이도 별도로 적겠다. 혹설에 이 사문의 유문, 공문, 역유역공을 공(空), 가(假), 중(中)의 삼제(三諦)[192]에 끼워 맞추는 설도 있다. 천태교를 잘 알지 못하는 어리석은 생각이다. 절대로 취해서는 안 된다.

【抄】위의 설은 근래에도 회자된다. 그러나 『모시(毛詩)』[193] 명편(名篇)의 예가 있다. 이쪽이 더 맞을까. 이는 스승의 설이다.

『모시정의(毛詩正義)』[194]에 말하는 명편의 예는 다섯에 불과하다.

편(篇)의 이름을 붙이는 정해진 기준은 없다. 대략 다섯에 불과하다. 그저 단 한 글자를 취하는 것, 혹은 고작 두 글자를 취하는 것, 혹은 한 구 전체를 취하거나 한 구에서 상구나 하구만을 취하는 것이다. 전체를 취하여 다 가져오거나 남기거나 한다. 혹은 편의 첫머리를 버리고 장(章)의 어구 하나를 취하는 것, 혹은 어구를 취하지 않고 다른 데서 빌림으로써 정하는 것이다.

---

192 인연으로 생겨난 일체법이 그대로 공이고, 가이고, 중이면서, 공 가운데에 가와 중이 있고, 가 중에 중과 공이 있는 등 삼제가 즉공(卽空), 즉가(卽假), 즉중(卽中)이 되어 원융삼제가 된다.
193 『시경(詩經)』의 이칭. 한나라의 모형(毛亨)과 모장(毛萇)이 훈고(訓詁)를 하여 뜻을 풀이하였기에 '모시'라고도 부른다.
194 『시경』에 당나라의 학자인 공영달(孔穎達)이 주를 단 것이다.

【私云】이 모노가타리 각 권의 이름은 이에 준하는 것이다. 『모시정의』에 말하는 명편의 예는 다섯에 불과하다.

○ 그저 단 한 글자를 취하는 것

이 모노가타리의 권명에 단지 한 글자를 가져오고 다른 글자를 더해 이름 붙인 것이 이에 준한다.

「요모기우(蓬生)」 ─ 와카에도 문장에도 '蓬'자만 있을 뿐 '生' 자는 없다.

「유메노우키하시(夢浮橋)」 ─ '夢'자만 있으며 '浮橋'자를 더해 이름 붙인 것이다.

○ 혹은 고작 두 글자를 취하는 것. 혹은 한 구에서 상구나 하구만을 취하는 것

와카를 취해 이름 붙인 것이 이에 준한다. 또한 와카를 취했지만 글자가 연속되지 않는 것이 있다.

「하하키기(帚木)」「우쓰세미(空蟬)」「아오이(葵)」「하나치루사토(花散里)」「미오쓰쿠시(澪標)」「다마카즈라(玉鬘)」「미노리(御法)」「마보로시(幻)」「하시히메(橋姬)」「시이가모토(椎本)」「아즈마야(東屋)」「우키후네(浮舟)」 ─ 이상은 와카를 취한다.

「와카무라사키(若紫)」 ─ 와카에 '若'과 '紫' 두 글자가 다 나오지만

'若紫'로 붙어 있지 않다.

○ 혹은 한 구 전체를 취하여, 그 전체를 다 가져오거나 남기거나 한 것

와카와 문장에서 글자를 취한다. 또는 와카와 문장에 있지만 남긴 부분이 있다.

「유가오(夕顔)」「스에쓰무하나(末摘花)」「사카키(賢木)」「스마(須磨)」「아카시(明石)」「마쓰카제(松風)」「아사가오(朝顔)」「오토메(少女)」「하쓰네(初音)」「호타루(螢)」「가카리비(篝火)」「와카나(若菜) 상」「가시와기(柏木)」「스즈무시(鈴蟲)」「아게마키(總角)」「가게로(蜻蛉)」 ― 이상은 와카와 문장에서 취한 것이다.

「세키야(關屋)」 ― 문장에 있으며, 와카에는 '關'만 있다.

「우스구모(薄雲)」 ― 와카에 있으며, 문장에는 '구모노 우스쿠(雲の薄く, 구름이 옅게)'라는 표현이 있다.

「도코나쓰(常夏)」 ― 와카에 있으며 문장에는 '나데시코'가 있다.[195]

「고초(胡蝶)」 ― 와카에 있으며, 문장에는 '蝶'이 있다.

「미유키(行幸)」 ― 와카에 있으며, 문장에는 '교코(行幸)'가 있다.

195 나데시코는 도코나쓰의 이칭으로 패랭이꽃을 뜻한다.

「후지바카마(藤袴)」 ― 와카에 있으며, 문장에는 '난(蘭)'이 있다.[196]

「마키바시라(眞木柱)」 ― 와카에는 '마키노하시라(まきの柱)'가 있으며, 문장에 '마키바시라(まき柱)'가 있다.

「요코부에(橫笛)」 ― 와카에 있으며, 문장에는 '笛'만 있다.

「유기리(夕霧)」 ― 와카에 '夕霧'가 있으며, 문장에는 '霧'만 있다.

「고바이(紅梅)」 ― 와카에는 '梅'만 있으며, 문장에 '紅梅'가 있다.

「사와라비(早蕨)」 ― 와카에 있다. 답가에는 '初蕨'이라고 나오며, 문장에는 '蕨'만 있다.

「야도리기(宿木)」 ― 와카에 있다. 문장에는 '도키와기니 야도리타루 구즈(常盤木にやどりたる葛, 상록수에 기생하는 칡)'라는 표현이 있다.

○ 혹은 편(篇)의 첫머리를 버리고 장(章)의 어구 하나를 취하는 것 문장 속 표현을 취한 것이 이에 준한다.

「기리쓰보(桐壺)」 「노와키(野分)」 「우메가에(梅枝)」 「후지노우라바(藤裏葉)」 「와카나(若菜) 하」 「니오효부쿄(匂兵部卿)」 「다케가와(竹河)」 「데나라이(手習)」

---

196   후지바카마는 국화과에 속하는 등골나물을 뜻하지만 당시에는 '난화(蘭花)', '자란(紫蘭)'으로도 불렸다. 현대의 난과 같이 향을 내는 풀로 인식되었던 듯하다. 와카에서는 상복을 뜻하는 '후지고로모(藤衣)'의 의미로 쓰였다.

○ 어구를 취하지 않고 다른 데서 빌림으로써 정하는 것

문장 속 어구가 이어지지 않지만 문맥상 이해하여 붙인 것이다.

「모미지노가(紅葉賀)」 — ‘賀’자는 이 권의 문장에는 없다. 다른 권에는 ‘紅葉賀’라는 표현이 있다.

「하나노엔(花宴)」 — 이 권에는 ‘사쿠라노엔(さくらの宴)’이라 쓰여 있다.

「에아와세(繪合)」 — 이 권에 ‘繪’자와 ‘合’자가 있지만 이어지지 않는다.

또 『모시』에 편명이 있으나 시가 없는 것 육편(六篇)이 있다. 이 모노가타리의 「구모가쿠레(雲隱)」권을 이에 견주는 것에 대해서는 권별 주석에 후술하였다.

【愚案】『모시』의 편에 이름 붙이는 다섯 부류가 있는데, 이 모노가타리 권명이 반드시 그에 들어맞는다고는 할 수 없다. 그 다섯 부류를 본떠 다섯 형태로 나누신 것이리라.

○ **이 모노가타리에 병권(竝卷)이 있는 것**

두 부류가 있다. 하나는 어느 권에 다 쓰지 못한 이야기를 별도의 권에 그 끝난 시점부터 이어 쓴 것이다. 「다마카즈라」권의 병권인 「하쓰네」권과 「고초」권, 「요코부에」권의 병권인 「스즈무시」권 등

이 그 예이다. 또 하나는 어느 등장인물에 집중하여 하나의 권으로 엮은 것이다. 「하하키기」권의 병권인 「우쓰세미」권과 「유가오」권, 「미오쓰쿠시」권의 병권인 「요모기우」권과 「세키야」권, 「니오효부쿄」권의 병권인 「고바이」권과 「다케가와」권 등이다.

병권을 시간적 흐름을 기준으로 보면 세로축으로 병행하는 권, 가로축으로 병행하는 권, 가로축과 세로축이 함께 나타나는 권이 있다. 이 세 형식 중 '세로축 병권(縱の竝卷)'은 예를 들면 「하하키기」권의 병권인 「우쓰세미」권과 「유가오」권 등이다. 「하하키기」권은 히카루겐지 열여섯 살 여름에서 끝이 난다. 같은 해 여름, 가을, 겨울에 일어난 일을 「우쓰세미」권과 「유가오」권에 차례로 썼다. 또 「다마카즈라」권은 히카루겐지 서른다섯 살【일설에는 서른네 살】 십이월에 끝나는데, 「하쓰네」권은 서른여섯 살【일설에는 서른다섯 살】 정월부터 이어 썼다. 이처럼 시간의 추이에 따라 쓰는 방식이다. 「요코부에」권의 병권인 「스즈무시」권도 이 부류에 속한다.

반면 '가로축 병권(橫の竝卷)'에는 「미오쓰쿠시」권의 병권인 「요모기우」권을 들 수 있다. 「미오쓰쿠시」권은 히카루겐지 스물일곱 살부터 스물여덟 살 십이월까지로 끝난다. 그런데 「세키야」권은 히카루겐지 스물여덟 살 구월의 일을 썼다. 「미오쓰쿠시」권의 중간에 써야 할 내용이지만 번다하기 때문에 이렇게 한 것이다. 또 「요모기우」권도 「미오쓰쿠시」권보다 앞선 시기부터 스물여덟 살 여름까지를 썼다. 이에 『가초요조』와 『모신쇼』가 '가로축 병권'이라 한 것이다. 그렇지만, 「요모기우」권 말미에 "두 해 정도 이 옛 저택에 머무르다가 이조동원으로 옮겼다"【이는 『마쓰카제』권에 해당한다】고 쓰여 있으니 『사이류쇼』와 『로카쇼』는 '가로세로축 병권(橫縱の竝卷)'이라 한다.

'가로세로축 병권'이라 함은 「스에쓰무하나」권과 같은 부류이다. 「와카무라사키」권에 히카루겐지 열일곱 살 삼월부터 겨울까지의 일이 쓰여 있는데, 「스에쓰무하나」권 초반부는 히카루겐지 열일곱 살 이월 경부터 쓰여 있으니 동시기를 그린 것으로 시간적으로 보면 평행하다. 또한 「스에쓰무하나」권 말미는 「와카무라사키」권이 끝난 이듬해 봄까지를 쓰고 있으니 이는 시간적 추이에 따라 쓴 것이다. 따라서 가로축과 세로축이 함께 나타난다고 하는 것이다. 「요모기우」권도 『사이류쇼』와 『로카쇼』에 따르면 '가로세로축 병권'이다. 또한 「니오효부쿄」권의 병권인 「고바이」권과 「다케가와」권은 대략 세로축과 가로축이 섞여 있어 시간적 배열이 복잡하다. 이로 인하여 선학의 주석서에도 「고바이」권은 고바이 대납언의 열전, 「다케가와」권은 좌대신의 열전으로 보아야 한다고 적혀 있다. 「우쓰세미」권의 발단 부분도 이에 견주어 보아야 한다.

ㅇ 모노가타리 병권의 예

【河】『우쓰호 모노가타리』에 세 번째 권의 병권으로 「가스가모우데(春日詣)」권, 다섯 번째 권인 「후키아게(吹上)」권의 병권으로 「마쓰리노 쓰카이(祭使)」권, 「기쿠노엔(菊宴)」권 등이 있다. 또 『하마마쓰 주나곤 모노가타리』에도 병권이 한 권 있다. 다른 모노가타리에도 이러한 예가 있다. 【三】병권은 『사기』 「열전」 70권을 본뜬 것이다. … 앞에 자세하다.

『겐지 가이덴』 서문
- 구마자와 반잔

구마자와 선생 『겐지 모노가타리』 평

기리쓰보

어느 부인이 말하길, 예부터 남자들이 쓴 교훈서 중에 여자들이 배울 만한 것도 있을 터이지만, 글을 배우지 않은 이는 읽고 이해하기 어려워 옛날부터 전해 내려온 가나(假名) 모노가타리만 보며 다소나마 위안을 얻을 수밖에 없었다. 그 중에 만족스러운 가르침이 될 만한 것은 보이지 않는다. 『겐지 모노가타리』는 호색적인 것에 치중하여 지은 것이지만, 그토록 현명한 여자가 쓴 글이라 필치가 풍아해서인지 혹은 같은 여자라 마음이 통해서인지, 어디를 보더라도 와 닿는 데가 많다. 그렇다고는 하나 어리석은 여자들에게 얼마나 가르침이 되겠는가라고 물었다.

『겐지 모노가타리』는 겉으로는 호색을 썼지만 사실 호색적인 것은 아니다. 이런 연유로 『겐지 모노가타리』를 즐겨 읽는 사람 중에도 품행이 매우 방정한 사람이 있다. 이 모노가타리를 쓴 취지는 세상이 말세가 되어가니 고대의 미풍(美風)이 쇠퇴하여 저속해지는 것을 한탄하는 것이리라.

대놓고 가르치려는 책은 사람들이 꺼려해 가까이 하지 않고 보는 사람도 적어 널리 퍼지지 않는다. 교훈을 앞세운 책은 많지만 문장이 딱딱하여 사람들이 싫어하기에 그런 책은 오래가지 않는다. 또 있어도 보는 사람이 없으면 없는 것이나 다름없다. 그래서 써도 부질없다고 생각하여 굳이 가르치려는 듯한 필법은 구사하지 않았다. 다만 호색을 즐기는 듯 지어내어 그 안에 옛 귀족의 미풍과 마음가짐을 상세히 써서 남긴 것이다. 그 본래의 취지를 이해하지 못하고 오로지 허구의 이야기로만 여겨 잘 지어냈다고들 한다. 그저 무턱대고 입에서 나오는 대로 쓴 이야기로 생각하는 것은 식견이 얕은 자가 중국과 우리나라의 서적을 잘 모르기 때문이다.

장자의 우언과 같이 말하고자 하는 바를 어떤 이야기에 빗대어 옛사람의 일을 지금 사람의 일처럼 말하고 중국의 일을 우리나라의 일로 지어 쓴 것은 있지만, 사실 거기에도 모두 준거는 있다. 따라서 옛사람도 실제로 준거가 있는 것은 사마천의 『사기』의 필법이라고 말하였다. 요즘 사람의 일임을 감추기 위해 히카루겐지라는 호색적인 인물을 거짓으로 세워 허구의 이야기로 만들고, 중국과 일본의 고사(故事) 혹은 세상일을 다 모아 살을 붙여 쓴 것이리라. 무라사키 시키부의 부친 후지와라노 다메토키는 박학다식한 사람인데, 국사

(國史)를 집필하고자 써둔 초고를 무라사키시키부가 취하여 이 모노가타리를 썼다고 한다. 그래서 이치조 천황도 이 모노가타리를 보시고 『일본기』를 잘 아는 사람이라 말씀하셨다고 한다.

한편 이 모노가타리를 볼 때는 호색음란한 것을 마음에 두지 말고 작자의 본뜻에 유의하여 제대로 읽어야 한다. 이를 모르고 그저 즐겨 읽는 사람은 잃는 것이 많고 얻는 것은 적다.

무릇 일본 왕도의 장구함은 예악문장(禮樂文章)을 잃지 않고 저속해지지 않음으로써 이루어진 것이다. 지나치게 굳세고 강한 것은 오래 가지 못하고 너그럽고 부드러운 것은 오래 간다. 이(齒)는 강하지만 빨리 빠지고 혀(舌)는 부드럽지만 끝까지 간다. 만물의 이치가 그러하다. 무가(武家)는 강한 들보의 위세를 닮아 당장 천하의 권력을 잡는다 할지라도 이가 빠지는 것처럼 오래 가지 않는다. 왕자(王者)는 유순하고 부드러워 지위를 잃지 않는다. 그렇지만 부드럽고 덕이 없으면 백성의 공경(恭敬)이 부족하다. 백성들이 삼가며 존경하지 않으면 존재한다 할지라도 없는 것과 같다. 종국에는 단절된 것이나 매한가지이다. 단절된 것을 잇고자 할 때 옛 예악문장을 볼 수 있는 것으로는 이 모노가타리만이 남았다. 때문에 이 모노가타리를 볼 때 가장 유념해야 할 것은 고대의 미풍이다. 예(禮)는 바르게 하고 엄격하지 않으며, 악(樂)은 조화를 이루어 우미한 풍체이다. 남녀 모두 고상하게 항상 아악을 즐기니 마음가짐에 품위가 있다.

다음으로 이 모노가타리에서 유념해야 할 것은 인정(人情)을 상세하게 그린 점이다. 인정을 모르면 대개 오륜(五倫)의 조화를 잃는다. 그리 되면 나라가 어지럽고 집안이 평온하지 못하다. 이런 연유로 『시경』에도 음풍(淫風)이 실려 있는 것은 선악(善惡) 모두 인정을 보여주기 위함이다. 백성이 모두 군자라면 정치도 형벌도 필요 없다. 그저 범인(凡人)을 가르치기 위한 것이 정도(政道)이니 인정세태의 변화를 모르면 안 된다. 이런 점에서 이 모노가타리도 온갖 것에 빗대어 인정을 알게 하고 시대의 변화를 잘 보여준다. 와카를 비롯해 어구 하나까지도 각 등장인물의 감정을 세세히 그려냈다. 이 모노가타리에서 인정을 알게 하는 바, 이것이야말로 작품의 묘미이다.

하지만 와카는 그 표현이 깊고 그윽하여 어지간한 경지에 이르지 않고서는 이해하기 어렵다. 게다가 옛날 사람이 와카를 읊는 것은 요즘 사람이 문장을 쓰는 것과 같아서 생각하는 바를 그대로 나타낸 것이다. 그런데 사람의 마음과 말이 점차 저속해짐에 따라 와카와 분리되어 가도(歌道)라는 것이 생겨났고, 그래서 어려워졌다. 옛사람의 말에 담긴 풍류도 결국에는 알기 어렵고 더욱 저속해질 터이니, 이 모노가타리에서 뛰어난 문장과 알기 어려운 옛말을 가려잘 살펴야 한다. 그러므로 옛사람도 의문 나는 말에 대해 알기 위해서는 『겐지 모노가타리』보다 나은 것은 없으리라고 말하였다.

무릇 이 모노가타리는 풍화(風化)를 목적으로 썼다. 그 중에서도 음악의 도를 상세히 보여준다.

관현 연주는 군자가 익혀야 할 것이다. 고로 관현 연주를 모르면 귀족의 풍속이 끊어져 고상하지 못한 평범한 정취에 그치고 만다. 왜냐하면 사람의 마음은 살아 있는 것이라 늘 움직이기 때문이다.

악(樂)은 반듯하고 아름다운 유희이다. 따라서 반듯한 도가 깃든 음악을 행할 때는 절로 인품이 높아지며 풍속이 고상해지고 아름다워진다. 반면 음악의 도에 어두운 사람은 정취가 없다. 그 마음을 조금이라도 알면 더할 나위 없이 담백하고 정취가 있다. 담백하고 질리지 않음이 최상의 경지이다. 옛말에도 군자의 사귐은 담담하기가 물과 같다고 하였다.[197] 음악은 군자가 추구해야 할 유희이므로 마음이 있는 자라도 이해하지 못하면 이룰 수 없다. 이러한 연유로 옛날에는 쓰쿠시(筑紫)의 끝, 미치노쿠(陸奧)의 구석까지도 조금이라도 마음이 있는 사람은 남녀 불문하고 음악을 즐겼다. 하물며 귀족 중에는 모르는 자가 없었다. 그런데 요즘 세상에는 귀족의 유희도 저속해져 바람직하지 못한 것이 되었으니, 음악은 행하면서도 이해하는 자가 드물어져 저마다 가문을 세워 겨우 업으로 삼기만 하였다. 가문의 업이 되어서는 군자의 유희도 기예의 수준으로 떨어져 배우

---

197 『장자』, 「외편」, 산목(山木)에 나오는 말로, 군자의 사귐은 담백함이 물과 같아서 더욱 깊어지나 소인의 사귐은 달기가 단술과 같아서 쉽게 끊어진다는 뜻이다.

가 연기를 익히듯 하니 더욱 가벼운 것이 되었다. 서로 가문을 세우려는 마음이 생겨 이제는 오히려 소인배가 의지하는 것이 되었다. 음악의 도를 이해하는 자가 있어도 비밀스러운 중대사라 하여 자신의 가문 외에는 발설하지 않았기에 후에는 아는 자가 드물게 되었다. 아는 자가 드물어짐은 종국에는 단절에 이르는 것이다. 군자의 도는 널리 사람들에게 알려야 하므로 비밀스러운 중대사로 할 것은 하나도 없다. 사람들에게 교설하고 저술하여 두루 알리고자 원하지만, 아는 사람이 드물어짐을 군자는 한탄할 따름이다. 비밀스러운 중대사를 세우는 것은 도를 중시함과 닮은 듯하나 대개 소인배의 자만에서 비롯된 호승지심(好勝之心)에 의한 것이다.

음악의 도도 이 모노가타리에 쓰여 있지 않더라면 지금 아는 사람이 없으리라. 요즘 사람은 음악의 도에 깊지 않으니 쓰여 있어도 그 전하는 바의 의미를 알기 어렵다. 모든 도는 끊어지면 다시 세우기 어려운 법이다. 따라서 이 모노가타리에는 그 모습을 많이 써서 남겼다. 모습이 즉 그 풍체(風體)이다. 이 모노가타리도 당시 가문마다의 비사나 구전을 글로 다 쓰기는 어려웠기 때문에 대략만을 적어 훗날의 군자를 기다리는 것이다. 도는 전부 군자로부터 나오므로 후세에도 군자는 약간의 단서로 그 도의 의미에 통달하고 쇠한 것도 일으켜 세워야 한다. 또한 풍속을 교화하는 데 음악보다 나은 것은 없다고 한다. 이 모노가타리가 음악의 도를 각별하게 쓰고 있음은 이러한 연유이다. 풍화의 도를 다함으로써 사람을 절로 고무시킨다. 이것이 이 모노가타리가 백성을 다스리는 데 도움이 되는 점이다.

모든 상고의 풍속은 순수하고 소박하며 돈후하고 고상하다. 말세의 풍속은 사치스럽고 천박하다. 예악의 가르침도 대대로 쇠퇴하고 풍속의 우미함도 시대에 따라 변하였다. 구중궁궐의 유풍도 저속함으로 흐르고 귀족의 풍속도 완전히 끊겼다. 이를 슬퍼하며, 물고기를 잡으면 통발을 잊는다는 말처럼,[198] 사람들이 좋아하는 호색을 낚싯줄 삼아 많은 세인들이 즐겨 읽게 하여 명군(明君)의 치세까지 남겨두고자 이 모노가타리를 쓴 것이다. 그러니 이 모노가타리 없이 어찌 옛 천황가의 유풍을 알 수 있겠는가. 이러한 연유로 준토쿠 상황도 이 모노가타리를 일본 최고의 보물이라 하셨다. 최고의 보물임에도 예악의 도에 이르지 못한 중인 이하는 그 깊은 뜻을 알지 못한다.

부인이 말하길, 이렇게 설명을 들으니 잘 알겠다, 지어낸 모노가타리라 하는데 조금도 그렇게 생각되지 않음은 실제 있었던 일을 잘 꾸며 썼기 때문이군요, 라며 납득한다.

---

198 『장자』, 「외물」편에 나오는 어구. 목적을 달성하면 그 목적을 위해 사용했던 물건을 잊어버린다, 즉 말은 뜻을 전달하는 도구로 뜻을 얻고 나면 말을 잊는다는 것이다.

『시카시치론』
- 안도 다메아키라

시카시치론(七家七論)

무라사키시키부 가계도

요시카도(良門)
간인(閑院) 좌대신 후지와라노 후유쓰구(藤原冬嗣)의 여섯째 아들. 내사인(內舍人). 정6위상. 태정대신으로 추증.

도시모토(利基)
종4위상. 우중장.

가네스케(兼輔)
종3위. 쓰쓰미(堤) 중납언으로 불림. 가인.

마사타다(惟正)
종5위하. 형부소보(刑部少輔).
'惟'는 '雅'의 잘못된 표기.

다메토키(爲時)
정6위. 에치고(越後) 혹은 에치젠(越前) 지방 장관. 유학자. 가인.

다메요리(爲賴)
종4위하. 대후궁(大后宮)의 차관. 모친은 후지와라노 사다카타(藤原正方) 우대신의 딸. 가인.

여자(女子)
무라사키시키부. 노부노리와 同母. 좌위문권좌(左衞門權佐) 후지와라노 노부타카(藤原宣孝)와 혼인. 생각건대, 노부타카 사후 조토몬인(上東門院)을 섬김.

조신(定暹)
아자리(阿闍梨).

노부미치(惟通)
종5위하. 아키(安藝) 지방 장관.

노부노리(惟規)
종5위하. 식부승(式部丞). 모친은 히타치(常陸) 지방의 차관 후지와라노 다메노부(藤原爲信)의 딸. 『무라사키시키부 일기』에 "이 식부승이라 불리는 사람, 어릴 적 『사기』의 글을 읽고 있을 때", 『고슈이와카슈』에 "부친이 계신 에치고로 갔다…", 또 "부친이 계신 에치 지방에 갔을 때, 모두 병을 앓아…", 『쇼쿠슈이와카슈』에 "에치고에서", 『신초쿠센와카슈』 「다비(旅)」부에 "후지와라노 노부노리가 에치고 지방에 내려갔을 때,…"

고레스케(伊祐)
종4위하. 사누키(讚岐) 지방 장관.

요리나리(賴成)
종4위하. 이나바(因幡) 지방 장관. 실제 도모히라(具平) 친왕의 아들.
생각건대, 『무라사키시키부 일기』에 "나카쓰카사노미야(中務宮) 집안을 염두에 두고 그 집안과 연고가 있는 사람이라고 생각하셔서 여러 가지 상담을 하셨다.…" 무라사키시키부가 도모히라 친왕과 연고가 있다는 설은 여기서 연유한 것이리라.

여자(女子)
同父. 벤노쓰보네(弁局). 고레이제이(後冷泉) 천황의 유모.

여자(女子)
겐시(賢子). 부친 노부타카. 태재대이(太宰大貳) 다카시나노 나리유키(高階成章)와 혼인. 이에 다이니노산미(大貳三位)라 불림. 『에이가모노가타리(榮花物語)』 「하나미(花見)」권에 "내 유모 다이니노산미,…"

『가카이쇼』에 이르길, "(무라사키시키부는) 다카쓰카사 님 종2위 린시의 뇨보이다.[199] 이어서 조토몬인을 모셨다." 또 이르길, "『겐지 모노가타리』에서 무라사키노우에(紫の上)에 대해 뛰어나게 그린 까닭에 도시키부(藤式部)라는 이름을 고쳐 무라사키시키부(紫式部)라 칭하였다."

생각건대, 『무라사키시키부 일기(紫式部日記)』에 이르길, "좌위문독【후지와라노 긴토】이 실례지만 이 근처에 와카무라사키가 계시느냐며 물어보신다.···" 이는 무라사키시키부를 가리켜 와카무라사키라고 불렀기 때문이다. 『가카이쇼』의 이 설은 맞는 것 같다.

또 생각건대, 후지와라노 노부타카(藤原宣孝)의 가계도에 조호(長保) 3년(1001) 4월 25일에 죽었다고 한다. 일기와 함께 생각해보면 조호 3년 4월 25일에 노부타카가 죽고 나서 조호 3년에서 5년까지 과부로 지낸 뒤, 간코 2~3년(1005~1006) 무렵 궁에 출사한 것 같다. 『겐지 모노가타리』를 지은 것도 과부로 지낼 때의 일일까. 이에 대해서는 일곱 가지 논 중에 다루었다. 가계도 이본(異本)에 후지와라노 미치나가 공의 첩으로 후에 노부타카의 부인이 되었다고 하는데, 이는 잘못된 설이다.

『에이가 모노가타리(榮花物語)』 「소오노유메(楚王の夢)」 권에 이르

---

199 『가카이쇼』에 의하면 린시는 종2위가 아니라 종1위이다.

길, "만주 2년(1025) 8월 3일 고레이제이 천황(後冷泉天皇)의 탄생에 즈음하여 유모를 평하는 장면에서, 오미야(大宮) 님을 섬기는 무라사키시키부의 딸 에치고노벤(越後弁)이 좌위문독의 아이를 낳았기에 선택하였다. …"

오미야는 조토몬인이다. 좌위문독은 후지와라노 가네타카(藤原兼隆) 경이다. 이런 정황을 생각하건대 무라사키시키부도 만주 2년경에는 아직 생존해 있었고, 오미야를 섬겼다고 보인다. 또 「덴조노하나미(殿上花見)」권에 이르길, "조겐(長元) 4년(1031) 9월 25일 조토몬인이 스미요시(住吉)를 참배하는 장면에서 첫 번째 우차에는 벤노아마(弁尼), 벤노묘부(弁命婦), 사콘노묘부(左近命婦), 쇼쇼노아마기미(少將尼君) 네 명의 비구니가 탔다. 두 번째 우차에는 지주노스케(侍從輔), 에치고노벤(越後弁) 유모, 다이후(大輔), 헤이쇼쇼(平少將), 미노노코벤(美濃小弁), 효에노나이시(兵衛內侍)가 탔다. 그 뒤를 센지(宣旨)와 산미(三位)가 따랐다. 센지는 미나모토 대납언(源大納言)의 딸, 산미는 유모 다이니노산미(大弐三位)를 말한다."

이 수행에 다이니노산미와 벤 유모는 보이지만, 어머니 무라사키시키부의 이름은 보이지 않는다. 별 문제가 없는 한 참배에 동행해야 할 사람으로 생각된다. 조겐 4년에는 이미 세상을 뜬 것일까, 혹은 무슨 사정이 있어 도읍에 남은 것일까.

『사요노 네자메(小夜の寝覺)』【고후코온인(後普光園院) 니조 요시모토(二

條良基) 지음】[200]에 이르길, "무라사키시키부의 『겐지 모노가타리』, 백거이의 『백씨문집(白氏文集)』을 멀리 한 적이 없다고 고쿄고쿠(後京極)[201] 님도 말씀하셨다." 고쿄고쿠 님의 말씀은 여러 주석서에 보이지 않는다. 의문스러우니 적어둔다.

『마스카가미(增鏡)』【「오도로가시타(おどろが下)」권】에 이르길, "여름 무렵 (고토바 천황이) 미나세 궁(水無瀨殿)의 연못가 건물에 나오셔서 얼음물을 드시고는 젊은 공경과 당상관들에게 수반(水飯)과 술을 하사하시며 말씀하시길, 옛날 무라사키시키부야말로 참으로 대단한 사람이로다. 『겐지 모노가타리』에도 '가모 강의 은어, 가쓰라 강에서 바친 석반어 같은 것을 대신들 앞에서 조리해서'라고 쓰여 있으니 뛰어나고 훌륭하도다."

---

200   남북조 시대의 귀족이자 가인으로 특히 렌가를 대성한 것으로 저명한 니조 요시모토는 시호를 고후코온인이라 하였다. 그렇지만 현재 『사요노 네자메』는 이치조 가네요시가 8대 쇼군 아시카가 요시마사(足利義政)의 정실인 히노 도미코(日野富子)에게 헌상한 책으로 알려져 있다. 니조 요시모토는 이치조 가네요시의 조부에 해당하므로 저자 표기의 혼란이 있었던 것인지 정확히는 알 수 없다.
201   구조 요시쓰네(九條良經)로, 섭정관백 구조 가네자네(九條兼實)의 차남이다. 통상 '고쿄고쿠 섭정(後京極攝政)'이라 불렸다.

칠론(七論)

첫째, 재덕겸비(才德兼備)

대개 재덕을 겸비하는 것은 대부(大夫)조차 힘든 일이라 하였다. 하물며 여인은 우리나라도 중국도 참으로 드물다. 예로부터 『겐지 모노가타리』를 논하는 사람은 오직 무라사키시키부의 뛰어난 재능만을 칭송하고 그 실제 덕을 말하지 않으니, 모노가타리의 본뜻도 드러나기 어렵고 무라사키시키부를 생각해도 안타까운 일이다. 나 안도 다메아키라(安藤爲章)가 『겐지 모노가타리』와 『무라사키시키부 일기』를 꼼꼼히 살펴 그 성격을 헤아리고 실제 덕을 생각하니, 우리나라에 유래 없이 재덕을 겸비한 현명한 부인이다.

먼저 『겐지 모노가타리』에 대해 한두 가지 말하자면 무라사키노우에의 고결하고 느긋한 성품에다 진중하고 조심스러운 점, 아카시노우에(明石上)의 고상하면서도 겸손한 점, 하나치루사토(花散里)가 질투하지 않은 점, 후지쓰보 중궁(藤壺中宮)이 잘못을 뉘우치고 서둘러 출가한 점, 아사가오 재원(朝顔齋院)이 아쉬움을 간직한 채로 지낸 점, 다마카즈라(玉鬘)가 남자들의 구혼을 요령껏 피한 점, 아게마키노키미(總角君)가 부친의 유훈을 지킨 점 등, 여러 가지 부덕(婦德)이 쓰여 있다. 특히 비 오는 날 밤의 여성 품평회 장면에서 호색을 멀리하며 성실함을 권하고 여러 차례 경계를 보인 것은 결국 무라사키시키부의 마음가짐에서 비롯한 것이다. 그렇지만 모두 옛 모노가타리로 지어 써서 스스로 똑똑함을 드러내지 않았기에 읽는 사람도 그저 남의 이야기로만 생각하였다. 비유하자면 꼭두각시의 춤을 보면서 조종하는 사람의 뛰어난 솜씨는 알지 못함과 같다. 또한 『무라사키시키부 일기』를 읽고 그 대강을 적기로 한다.

『무라사키시키부 일기』에 이르길, "대체로 남을 비난하는 것은 쉽고 내 마음을 살피는 것은 어렵다. 그런 생각을 못하고 나만 똑똑하다며 남을 업신여기거나 세상을 비난하는 모습에 사람의 마음 씀씀이가 여실히 드러난다."

생각건대, 남은 그르고 나는 옳다는 천박한 생각은 누구라도 반성해야 하는 일이다.

또 이르길, "걸핏하면 상구와 하구의 연결이 매끄럽지 않은 와카를 읊고서는 이루 말할 수 없는 좋은 의미가 있는 양 나야말로 뛰어나다고 생각하는 사람은 밉살스럽기도 딱하기도 하다."

또 이르길, "세상만사가 무료한 사람이 그것을 달랠 길 없어 옛 서적을 찾거나 수행하며 끊임없이 염불을 외고 염주소리를 높이거나 하는 것은 남들 눈에 좋지 않게 보일 터이니, 내 맘대로 해도 되는 일조차 뇨보들 눈치만 보며 마음을 숨긴다. 하물며 뇨보들 사이에 섞여서는 하고 싶은 말이 있어도 하지 말자 생각한다. 마음을 이해해줄 것 같지 않은 사람에게는 말해도 소용없겠지, 남을 비난하며 잘난 척하는 사람 앞에서는 성가셔서 말하는 것도 귀찮다. 무엇에나 통달한 사람은 드물다. 다만 자기 생각에 따라 남을 무시하는 것이다. 그런 사람은 본심과는 다른 나의 모습을 부끄러움이 많다고 여기는데, 어쩔 수 없이 그런 사람과 마주앉아 있어야 하는 일도 있다. 남에게 이러쿵저러쿵 책잡히지 말아야지라고 했던 것이지 부끄러워한 것은 아니다. 다만 귀찮아서 가만히 있었더니 점점 그런 사람으로 인식되어버렸다. '이런 분이라고는 생각지도 못했어요. 풍류를 너무 잘 아는 분이라 가까이하기 어렵고, 냉랭한 모습에, 모노가타리를 좋아하고, 젠체하며 걸핏하면 와카를 읊으려 들고, 사람을 사람같이 여기지 않으며, 밉살스럽게 사람을 내려다본다고 다들 말하기에 미워했습니다. 실제 만나보니 의아할 정도로 온화하고 마치 다른 사람 같습니다.' 모두가 이렇게 말하니 부끄럽기도 하고, 그렇게까지 말 없는 자라고 남들에게 멸시 당했는가라고 생각하였다. 그렇지만 이는 자업자득인 셈이지."

생각건대, 무라사키시키부를 만나보지 않은 사람은 그녀가 풍류를 사랑하고 학문에 조회가 깊은 척, 와카를 잘 읊는 척하며 남을 깔볼 것이라고 생각했을 것이다. 막상 대면하고 나서는 의외로 부드럽고 만사에 겸손하다는 것을 알았으리라. 그러한 면은 『겐지 모노가타리』를 보고 헤아려야 한다.

"중궁【조토몬인】께서도【무라사키시키부에게】자네와는 마음을 터놓지 못하리라 생각했는데, 다른 사람보다 훨씬 친하게 되었네'라고 이따금 말씀하셨다. 개성적이고 우아하여【중궁께서도】인정하시는 뛰어난 뇨보들에게 반감을 사지 않도록 해야겠다."

생각건대, 무라사키시키부가 부드럽고 차분한 성품이라 중궁께서도 각별히 친애하셨으리라. 그런 것을 젠체하며 상냥한 척하는 사람들이 질투하며 삐딱하게 본 것이다.

"여자란 모름지기 남 보기 흉하지 않고, 온화하고 여유롭고 차분한 마음 씀씀이를 기본으로 삼아야 교양【재(才)이다】도 풍정도 뛰어나고 걱정 없다."

생각건대, 이 단은 곰곰이 음미해야 한다. 덕(德)이 근본이고, 재(才)는 다음이다.

또 이르길, "사람들이 '남자라도 학문을 좀 한다고 떠벌리는 사람은 뭐랄까 크게 출세하지는 못하지'라고 하는 말을 들은 뒤에는 점점 한일자조차 써 보이지 않고 무식하고 한심하게 있었다. 예전에 읽었던 서적 같은 것은 거들떠보지 않았는데도 더욱 그런 말을 들었기 때문에【'일본기 마님'이라는 별명으로 불린 것을 말한다】, 남들이 들으면 얼마나 나를 미워할까라는 부끄러움에 병풍의 문구조차 못 읽는 시늉을 하였다."

생각건대, 남자건 여자건 이렇게 신중한 처신을 해야 한다.

또 이르길, "어찌 얌전빼며 뒤로 물러나 있는 것이 현명한가. 그렇다고 어찌 무턱대고 아무데나 나서겠는가. 적당하게 그때그때 상황에 맞게 처신하는 것은 정말 어려운 일이다."

생각건대, 인정에 끌려 지나치게 상냥하고 부끄러워하는 것이 좋을 리 있겠는가. 또 까불며 나대는 것도 물론 밉살스럽다. 그 사이를 적당히 잘 헤아리는 것은 남자든 여자든 유념해야 할 가르침이다.

위의 몇 가지를 살펴보건대, 예의 여성 품평회 대목에 쓰여 있는 경계(警戒)에 들어맞고, 또 무라사키노우에를 비롯한 여인들의 예의 범절과 신중한 처신은 무라사키시키부가 지니고 싶은 마음가짐을 옛 사람들에게 투영한 것이다. 따라서 무라사키시키부의 부덕(婦德)을 미루어 짐작할 수 있다. 또 노부타카가 조호 3년에 죽고 나서 무라사키시키부가 과부로 지냈는데, 재주가 뛰어나 조토몬인과 다카쓰카사 님【린시】의 부름을 받아 궁에 출사하였다. 그때 미치나가 공이 연심을 품으신 것을 무라사키시키부가 요령껏 피했음을 살펴야 한다.

『무라사키시키부 일기』【간코 5년(1008)의 기사】에 이르길,

회랑에 딸린 방에서 내다보니 어렴풋이 안개 낀 아침 무렵 이슬도 아직 맺혀 있다. 미치나가 님께서 산책을 하시며 시종들을 불러 뜰에 흐르는 물길을 치우게 하신다. 회랑 남쪽에 활짝 피어있는 마타리꽃

가지 하나를 꺾으시고는 휘장 너머로 슬쩍 들여다보셨다. 그 모습이 정말이지 이쪽이 부끄러울 정도로 훌륭한데, 그에 비해 잠자리에서 일어난 지 얼마 안 된 내 모습은 어떠할지. '이 꽃에 대한 노래가 늦어지면 안 될 텐데'라는 말씀을 구실삼아 벼루 쪽으로 다가갔다.

【무라사키시키부】
마타리꽃 한창 물오른 색을 보고 있자니
이슬도 마다하는 이 몸 알겠네

생각건대, 무라사키시키부가 한창 때를 지난 자신의 모습을 되돌아보는 마음이 더욱 갸륵하다. 그 겐노나이시노스케(源典侍)의 호색적인 모습과 비교하여 생각해보아야 한다.

【미치나가 공의 답가】
이슬이 가려서 맺히는 것은 아니리
마타리꽃 마음 따라 아름답게 피는 것이지요

정말이지 무라사키시키부의 어른스러운 마음가짐으로 부드러우면서도 적절한 응대이다.
또 이르길,

행차일이 다가오자 저택 안을 더욱 정성들여 꾸미셨다. 실로 아름다운 국화를 여기저기 찾아 캐오셨다. 활짝 피어 색이 변해가는 국화, 노란빛이 한창인 국화, 취향을 살려 심은 국화, 아침 안개 사이로 내다보이는 광경이 정말이지 늙음도 물리칠 듯하다. 그런데 어째서일까. 남들처럼 고민하는 바가 가벼운 평범한 처지라면 풍류를 좋아하고 젊게 행동하며 이 무상한 세상을 지낼 수도 있으련만. 경사스러운 일이나 흥미로운 일을 보고 들어도 오로지 하나의 생각에만 강하게 끌려 울적하고 의외로 한탄스러운 일이 많으니 실로 괴롭다. 어떻게 해서라도 지금은 다 잊으려 하지만 뜻대로 되지 않고, 이런 식으로 살면 죄만 더 깊어지겠지. 날이 새어 멍하니 밖을 내다보다가 연못의 물새 떼가 고민 없는 듯 노니는 광경을 보며,

【무라사키시키부】
저기 물 위에 떠있는 물새 나와 상관없다 할 수 있으려나
이 몸도 뜬세상 살아가네

라고 읊었다. 저 물새도 저렇게 마음껏 노니는 듯 보이지만, 그 신세가 되어보면 분명 괴로우리라고 나와 견주어 생각해본다.

생각건대, 이 술회를 보라. 무라사키시키부의 마음대로라면 어서

빨리 우쓰세미(空蟬)처럼 출가해야 하는데, 두 분에게 매어 원치 않게 궁에 출사한 것은 실로 서글프다.

또 이르길,

【간코 6년의 기사】『겐지 모노가타리』가 중궁전【조토몬인】에 있는 것을 나리가 보시고 늘 그러하듯 농을 하시며 매실 아래 깔린 종이에 와카를 써서 건네주셨다.

【미치나가 공】
호색이라는 소문이 자자하니 보는 사람마다
모두 꺾었으리라 생각하네

【무라사키시키부】
다른 이에게 아직 꺾인 적 없는 사람을
누가 호색이라 떠들어대는가

실제로 노부타카 외에 다른 사람에게 꺾인 적 없었던 무라사키시키부이다.

또 이르길,

회랑에 딸린 방에서 잠이 든 밤, 문을 두드리는 사람이 있다고 들었지만 무서움에 대답도 못하고 밤을 지새웠다. 다음날 새벽에 읊기를,

【미치나가 공】
밤새 도요새가 울면서 쪼아대듯
노송나무 문 앞에 두드리며 있었네
【『신초쿠센와카슈(新勅撰和歌集)』에 실려 있는 노래 중 하나이다】

【무라사키시키부】
무슨 일이 생긴 듯 문 쪼아대는 도요새 탓에
문 열었다면 필시 크게 후회했으리

생각건대, 미치나가 공의 연심은 세월이 지남에 따라 이렇게 허망하다. 정말로 출가의 뜻을 이루어야지라고 생각하는 무라사키시키부의 성정을 헤아려야 한다. 그러니 그 정절을 높이 사고 가련히여겨야 할 것이다. 일기를 자세히 보지 않은 자가 지레짐작하여 미치나가 공의 첩이라 한 것은 심하다. 말하기 좋아하는 세상인심이다.【앞서 이미 부덕을 논하였다】

한편 무라사키시키부의 학재(學才)에 대해서는 선인들의 칭송이자자하지만 단지 『겐지 모노가타리』를 보고 논한 것일 뿐, 그녀의

일기까지는 살피지 않았다. 지금 그 대강을 적어둔다.

일기에 이르길, "볼썽사납게 군데군데 그을음이 낀 방에 쟁금(箏琴)과 화금(和琴)이 조율된 채 놓여 있다. 신경 써서 '비 오는 날은 기러기발을 눕혀 놓아라'라는 말도 하지 않았더니 먼지가 쌓인 채로 방치되어 있다. 그 문갑과 기둥 사이에 머리를 드민 채 비파도 좌우로 걸쳐져 있다. 큰 문갑 한 쌍에 빼곡히 책이 쌓여 있다. 문갑 하나에는 옛 모노가타리 책이 그득한데, 벌레가 엄청나게 집을 짓고 징그럽게 기어 다니고 있어 들춰보는 사람도 없다. 또 다른 문갑에는 한문책들이 있는데, 그것을 아끼던 남편이 죽고 난 뒤【노부타카 사후】에는 손대는 사람도 딱히 없다. 그 한문책을 너무 적적할 때 한두 권 꺼내 보고 있자니 뇨보들【무라사키시키부의 시녀】이 모여 '아씨는 저러고 계시니 복이 없는 겁니다. 도대체 여자가 왜 한문책을 볼까요. 옛날에는 여자가 불경을 읽는 것조차 주변에서 말렸는데'라고 험담하는 말이 들린다.···"

생각건대, 무라사키시키부가 여자의 몸으로 학문을 좋아했기에 불행하게 빨리 과부가 된 것이라고 뇨보들이 뒤에서 수군대는 것이다.

또 이르길, "사에몬노나이시(左衛門內侍)라는 사람이 있다. 그 사람이 나를 까닭 없이 못마땅하게 여기는 것도 모르고 있었는데, 불쾌한 험담을 한다는 소리가 종종 들렸다. 천황【이치조 천황】께서 『겐지 모노가타리』를 읽게 하여 듣고 계시다가 '이 사람은 『일본기』를 읽은 사람이로구나. 정말 학식이 있는 것 같다'라고 말씀하셨다. 이를 어쩌다 듣고는【사에몬노나이시인가】 '엄청나게 학문이 뛰어나답니다'라고 당상관들에게 말하고 다녀 나에게 '일본기 마님'이라는 별명까지 붙었다 하니 정말 어이가 없다. 사가의 뇨보들 앞에서도 한문책 읽는 것을 삼갔는데, 이런 곳에서 학문을 과시하겠는가. 동생인 식부승(式部丞)이 어릴 적 『사기』를 읽고 있을 때, 내가 곁에서 듣고 배웠다. 동생【후지와라노 노부노리(藤原惟規)】이 읽다가 잊어버린 곳을 신기하게도 나는 금방 알아차렸다. 학문을 중시하던 아버지가 '안타깝도다. 남자로 태어나지 않은 것이 불행이로고'라고 늘 한탄하셨다."

생각건대, 이 여자도 남자였더라면 고금에 견줄 이 없는 학자가 되었을 것이다.

또 이르길, "중궁【조토몬인】께서 『백씨문집』을 군데군데 읽게 하셨다. 한시문에 대해 알고 싶어 하시는 듯하여 최대한 사람 눈을 피해 아무도 곁에 없을 때를 틈타 재작년【간코 4년】 여름 무렵부터 「악부(樂府)」[202] 두 권을 잘 알지는 못하지만 가르쳐 드리고 있다. 물론

---

202 『백씨문집』의 제3권과 4권이 '신악부(新樂府)'이다. '악부'는 원래 한의 무제가 설치한 음악을 관장하는 관청 이름이었는데, 후에는 음악에 맞춰 부르는 고시(古詩) 전체를 이르는 말이 되었다.

이도 숨기고 있다."

생각건대, 이 일기의 내용을 통해 무라사키시키부가 한창 학문에 심취할 때 문갑과 기둥 사이에 머리를 디밀고 한문책을 읽었던 모습, 『일본기』, 『사기』, 『백씨문집』 등에도 정통하다는 사실을 알 수 있다. 이 외에 딱딱한 삼사오경(三史五經), 불교 경전과 주석, 여러 일기【그중에서도 『이부왕기(李部王記)』를 자세히 읽은 것으로 보인다】,[203] 와카집【『고킨와카슈』 이하 여러 가집】, 옛 모노가타리【『우쓰호 모노가타리』, 『다케토리 모노가타리』, 『쇼산미 모노가타리(正三位物語)』 이하】, 관현 연주, 향 조합, 그림 그리기, 재봉 등 다방면에 통달하였음을 일기와 더불어 『겐지 모노가타리』의 문장으로 짐작해야 할 것이다. 노부노리보다 신기할 정도로 빨리 깨우쳤다는 점을 생각하면 어렸을 때부터 총명하고 기억력이 좋으니 재능을 타고난 것 같다. 그 큰 문갑 두 개에 빼곡히 책을 쌓아 둔 것은 어째서이겠는가. 정말이지 학문적 호기심이 대단해서일 것이다. 고로 재덕을 겸비한 현부가 쓴 모노가타리이니 쉽게 간과해서는 안 된다.

---

203 다이고 천황의 제4황자 식부승 시게아키라 친왕(重明親王)의 일기로, 주로 920년에서 952년까지 조정의 행사를 한문으로 기록한 것이다.

둘째, 칠사공구(七事共具)

부친 후지와라노 다메토키는 간산본(菅三品)【스가와라노 후미토키(菅原文時)】[204]의 제자로, 저명한 학자이다. 또 와카도 잘 읊어 칙찬집에도 실려 있다.[205] 부친은 이러한 인물이다.

【첫째】동생 노부노리도『고슈이와카슈』이하 칙찬집에 와카가 수록된 가인이다. 이런 노부노리가 공부할 때 읽다가 막힌 부분을 무라사키시키부는 신기할 정도로 빨리 알아차린 것을 보면 총명함을 타고난 신동인 듯하다.

【둘째】어렸을 적에 똑똑했다고 하더라도 여자는 학문을 이루기 어려운 법인데, 공부하는 모습을 생각건대 줄곧 우리나라와 중국 서적을 읽고 음악을 비롯한 교양을 익히는 데 게을리하지 않았다고 보인다.『센자이와카슈』에 이르길, 조토몬인을 섬긴 후 사가로 퇴궐했을 때 동료 뇨보가 쟁금을 직접 전수받으러 찾아오겠다고 말하였다. 무라사키시키부가 답하여, '눈물 젖은 나처럼, 황폐한 집 벌레 소리 같은 하찮은 나의 쟁금을 들으려는 사람이 있겠는가'라고 읊었다. 이 쟁금의 전수에서도 그녀의 음악적 재능을 알 수 있다.

---

204 헤이안 시대의 귀족으로 스가와라노 미치자네의 손자이다. 문장박사(文章博士), 대학두(大學頭), 식부대보(式部大輔)를 역임하였다.
205 『고슈이와카슈』이하 칙찬집에 네 수의 와카가 실려 있다.

【셋째】천황, 상황, 중궁, 친왕, 섭관가 분들의 저택에서 설날 행사부터 섣달 그믐밤의 액막이에 이르기까지 항례적이건 임시적이건 한 해에 열리는 공식행사, 혹은 와카 경합, 그림 경합, 향 경합, 공차기놀이 등도 더할 나위 없이 우미하니, 그 안목이 뛰어남을 알 수 있다.

【넷째】시대도 그렇게까지 상고는 아니고 문장이 쇠퇴한 시대도 아니다. 문장의 형식과 내용이 갖추어진 중고 시대에 태어났다.

【다섯째】스마(須磨), 아카시(明石), 스미요시(住吉), 나니와(浪花), 하세(泊瀨), 이시야마(石山), 우지(宇治), 오하라노(大原野), 사가노(嵯峨野), 가쓰라 강(桂川), 가모 강(鴨川), 에구치(江口), 간자키(神崎) 나루터, 오노(小野), 구라마(鞍馬) 계곡, 히에이 산(比叡山), 하토노미네(鳩峰) 등 여자로서는 너무나 많은 명소와 유적을 둘러본 것으로 짐작된다. 이 모든 것이 함부로 재주를 내보이지 않는 데 도움이 되었다. 시오쓰 산(鹽津山)에서 읊은 노래는 아버지의 임지로 내려갈 때 지은 것이다.【『쇼쿠코킨와카슈(續古今和歌集)』에 이르길, 시오쓰 산으로 가는 길에 가난한 남자가 매우 이상한 차림을 하고 '역시 이곳은 괴로운 길이구나'라고 말하였다. 이를 들은 무라사키시키부가 '알겠는가 오가는 데 익숙한 시오쓰 산 길도 세상살이로는 괴로운 길임을'이라고 읊었다. 시오쓰 산은 오미(近江) 지방

의 아사이 군(淺井郡)이다】[206] 「다마카즈라」 권에 히타치(常陸) 지방에 대해 쓴 것은 히타치의 차관이었던 외조부 후지와라노 다메노부나 혹은 모친의 이야기를 들었기 때문일까.

【여섯째】작품 전체의 내용과 문장도 남자라면 이렇게까지 세세하지 못했을 것을, 여자라서 남자가 미처 생각지도 못한 일까지 두루 쓴 것이다. 여자라도 신분이 높은 사람은 신분이 낮은 자의 일을 알지 못한다. 하물며 신분이 낮은 자가 어찌 신분이 높은 사람의 일을 생각할 수 있겠는가. 무라사키시키부는 마침 중류 귀족으로 태어나 생각이 미치지 못한 데가 없다.

【일곱째】이러한 면들을 다 갖춘 무라사키시키부였기에 그 이시야마의 영험이 없었어도 이 모노가타리는 나왔을 것이다. 관음보살에 기도를 올리고 썼다는 것도 후대 사람들의 억측으로, 무라사키시키부를 모르는 자가 한 말이다.

이상의 일곱 가지를 다 갖춘 사람은 본디 드물기 때문에 『겐지 모노가타리』 전후로 이 정도의 작품이 보이지 않는 것도 당연하다.

---

206 조토쿠 2년(996) 9월, 부친 다메토키와 함께 에치젠 지방으로 내려갔을 때의 와카와 설명 글이 『무라사키시키부슈(紫式部集)』에도 있다.

셋째, 수찬연서(修撰年序)

『무라사키시키부 일기』에 이르길【간코 5년(1008) 11월 기사】, "좌위
문독【후지와라노 긴토】이 실례지만 이 근처에 와카무라사키가 계시
느냐며 칸막이 사이를 살펴신다. 히카루겐지와 비슷해 보이는 분도
안 계시는데 하물며 그 무라사키노우에가 어찌 여기 있을까 생각하
며 나는 그 말을 가만히 듣고 있었다."

생각건대, 이 문장을 보면 『겐지 모노가타리』는 이 해보다 이전
에 완성되었고 일찍이 궁중에 유포되어 남자들도 읽었기 때문에 무
라사키시키부를 와카무라사키라 칭했을 것이다.

또 이르길【간코 6년(1009) 정월 기사】, "천황【이치조 천황】이 겐지 모노
가타리를 뇨보에게 읽게 하시고 그것을 들으셨는데, …"

생각건대, 이는 예전의 일을 회상하여 쓴 것이기에 이보다 앞선
어느 해라고 단정하기는 어렵다.

또 이르길【같은 해】, "겐지 모노가타리가 중궁전에 있는 것을 나리
【후지와라노 미치나가 공】가 보시고, …"

생각건대, 『가카이쇼』에 간코 초기에 성립했다고 쓰여 있는 것은
위의 기사에 의한 것이리라. 어찌 되었든 조호 말기에서 간코 초기
에 무라사키시키부가 과부가 되어 사가에서 적적하게 지낼 무렵에
지은 것일까. 간코 5년에 마흔세 살의 미치나가 공이 무라사키시키

부에게 추파를 던지고, 간코 6년에 회랑의 문을 두드려 사과하신 일을 생각하면 그렇게 늙은 것 같지는 않다. 또한 스스로 한창때가 지났다고 쓰고 있으므로 한창 젊은 여자 같지도 않다. 『에이가 모노가타리』【「덴조노하나미」권】에 중궁 다케코(威子)가 서른세 살이 된 것을 한창때가 지나셨다고 했는데, 이를 참조해야 한다. 따라서 이 모노가타리는 무라사키시키부가 서른 남짓에 지은 것이리라.

중국이나 일본이나 총명한 사람은 무슨 일이든 얼마 걸리지 않아 성과를 내는 법이다. 이 모노가타리도 의외로 힘들이지 않고 썼을 수 있다. 영민하지 못한 후대 사람들의 수준에서 신기하고 이상하게 여겨 관음의 영험이니 부친 후지와라노 다메토키가 도왔다느니 혹은 미치나가 공이 가필했다는 등 억측이 난무하는 것이다. 하나같이 무라사키시키부를 모르고 문장을 제대로 고찰하지 않아서이다.

혹자가 물었다. 『에이가 모노가타리』【「우라우라노와카레(浦浦の別)」권】 조토쿠(長徳) 2년(996) 기사에 내대신 후지와라노 고레치카(藤原伊周) 공의 훌륭한 모습을 칭송하고자, "그 히카루겐지도 이런 모습이셨을 테지 하며 우러러보았다"라고 쓰여 있다. 이 모노가타리가 조토쿠 연간(995~999) 이전에 성립되어 세상에 유포되었으니 아카조메에몬도 고레치카 공을 히카루겐지에 빗대어 쓴 것이 아니겠는가.

답하기를, 나는 일찍이 『에이가 모노가타리』가 아카조메에몬의 작품이 아니라고 하였는데 바로 이런 점들 때문이다. 아카조메에몬이나 무라사키시키부보다 후대 사람이 옛 기록을 모아 거기에 말을 덧붙여 완전한 서책으로 만든 것이라 생각한다. 더욱이 『에이가 모노가타리』 「하쓰하나(初花)」 권에는 『무라사키시키부 일기』가 인용되어 있다. 『무라사키시키부 일기』에는 아카조메에몬, 세이쇼나곤, 이즈미시키부, 재원 중장에 대한 평이 쓰여 있으니, 그들이 살아 있는 동안에 세상에 내보일 만한 책이 아니다. 아카조메에몬 역시 동시대 동료의 일기를 그대로 베껴 「하쓰하나」 권을 지었겠는가. 깊이 생각할 일이다. 「누노비키노타키(布引瀧)」 권에는 호리카와 천황(堀河天皇) 치세의 일이 쓰여 있다. 만약 아카조메에몬이 살아 있었다면 백 몇 십 살이 된다. 지금껏 그렇게 장수했다는 사람은 들은 적이 없고 그 밖에도 아카조메에몬이 쓰지 않았다는 증거는 많으나, 길어지니 생략하겠다. 이에 유념하여 근거 없는 망설에 미혹되지 말고 오직 본서를 잘 읽어야 할 것이다.

이렇게 답하자, 질문한 이는 더욱 알 수 없다는 얼굴을 하며 물러가지 않는다.

넷째, 문장무쌍(文章無双)

『겐지 모노가타리』 속 와카와 문장은 『만요슈』, 『고킨와카슈』,

『이세 모노가타리』, 『우쓰호 모노가타리』, 『다케토리 모노가타리』
등의 옛 풍체를 벗어나 점잖고 부드러우며 우미한 우리나라의 풍체
를 이루었기 때문에 보는 사람으로 하여금 질리지 않게 한다. 참으
로 가나로 쓰인 문장 중에 더할 나위 없이 뛰어난 문장이다.

　전편은 부귀온윤한 분위기의 관료풍 문장이지만, 그 안에는 출가
하여 산으로 들어가기도 하고 저잣거리와 시골도 나오고 곤궁한 처
지에 대한 애상도 있다. 권마다 여인네들의 생각과 풍경이 보이는
데, 인정을 묘사하고 정경을 형상화하는 것이 마치 눈앞에서 그 사
람과 마주하고 거기에 있는 것이나 다름없다.

　전체 문장은 전(傳)으로 하면서도 또한 절로 서(序)가 있고 발(跋)
이 있고 기(記)가 있고 논(論)이 있고 서(書)가 있어 모든 문체를 갖추
고 있다. 예의 「하하키기」 권에 나오는 비 오는 날 밤의 여성 품평회
장면에 쓰인 문장은 특히 묘미가 있다. 내가 일찍이 그 장단(章段)을
새로이 나누어 보았는데, 도입부가 있고 논의 기승전결이 있다. 대
략적인 것에서 구체적인 것으로 들어가고 저속한 것에서 우아한 것
으로 옮겨가며 번잡한 것에서 간명한 것으로 돌아간다. 파란(波瀾),
돈좌(頓挫), 조응(照應), 복안(伏案) 등 한문에서 말하는 문법을 절로
갖춘 것이다. 문장의 흐름은 느긋하고 여유로우며 문장의 기세는
원활하고 완곡하다.【이는 여성 품평회 부분만이 아니라 작품 전반에 걸쳐
그 뜻을 헤아려야 한다】 이를 한문에 견주면 『사기』와 『장자』, 한유(韓

愈)와 유종원(柳宗元), 구양수(歐陽修)와 소식(蘇軾)에 견줄 만하다. 여인의 필치로는 매우 드물게 무라사키시키부는 참으로 고금의 독보적인 글재주를 지녔다고 할 수 있다. 예부터 세이쇼나곤과 무라사키시키부를 나란히 말하지만, 세이쇼나곤의 재기는 협소하며 드러내놓고 똑똑한 척하여 얄밉다. 동렬에 놓고 비할 바가 아니다.【이상은 여성 품평회의 서두 부분을 대략 논한 것이다】

혹자가 묻기를, 무라사키시키부가 글을 짓는 데 여하튼 실록을 쓰지 않고 쓸데없는 허구의 이야기를 남겨 자칫하면 음란함을 가르치는 매개로 치부되는 것은 실로 억울하지 않은가.

답하기를, 이에 부친 다메토키가 남자 아이가 아니라고 한탄하였다. 만약 무라사키시키부가 남자였더라면 국사 한 편을 편찬하여 만대의 귀감이 되었을 터이다. 여인이지만 뛰어난 재능을 끝내 감추지 못하고 국사와 비슷한 모노가타리를 지어 규방의 풍속과 마음가짐을 가르친 것이 곧 무라사키시키부이다. 그녀가 쓴 모노가타리와 일기를 잘 살펴 그 성정을 짐작하건대, 그녀는 이른바 대단한 일을 하거나 똑똑한 체하는 것을 싫어하는 사람이다. 만약 실록과 같은 것을 쓴다면 여자한테는 어울리지 않는 대단한 일이고 똑똑한 체하는 것이다. 그러니 그녀의 평소 마음가짐과는 맞지 않는다. 그럼에도 실록과 같은 면을 찾자면 그녀의 일기는 즉 실록이나 마찬가지이므로, 『에이가 모노가타리』「하쓰하나」권은 이것을 전면 인용한 것이다. 『무라사키시키부 일기』는 옛날에는 틀림없이 수십 년에 해당하는 권이 있었을 터인데 세상에 전하지 않음은 불행이라 할 수밖에 없다.【지금 전하는 일기는 겨우 그 일부로 보인다】

또 묻기를, 『겐지 모노가타리』를 읽고 그 뜻을 이해한 자는 자신의 습관과 마음가짐을 돌아보고 남자도 여자도 각각 바람직한 사람이 될 것이다. 만약 음란함을 가르치는 것이라 하면 나라의 풍속을 엮은 가집에 음란한 시를 싣는 것도 그렇다고 보아야 하는가.

찬미와 풍자, 권계가 시가의 효용이라는 점에 대해서는 선인들의 가르침이 상세하다 하나, 우리의 어리석은 마음으로는 권계에 이르기 어렵고 어쩐지 부족한 듯 느껴진다. 다행스럽게도 이 모노가타리는 멀리 유교나 불교에 의하지 않고 가까이 우리나라의 인정과 풍속으로써 찬미와 풍자를 행간에 나타냈다. 그러니 감흥이 깊어 절로 호색적인 행동을 꺼리고 성실한 마음가짐을 돈독히 하게 된다. 무라사키시키부를 아는 사람은 권계의 뜻이 분명함을 알 것이다. 따라서 이 모노가타리를 가도(歌道)의 경전으로 갖추어도 좋으리라. 그렇지 않겠는가라고 되물으니, 그 사람이 수긍한다. 우리나라에서 가장 황송하고 완전무결한 사람의 출생에 관한 것이라 직간(直諫)하기는 어려우니 완곡한 풍유(諷諭)로 깨닫게 한 것인가. 병에 맞는 약처럼 실로 가도의 본의에 들어맞는 듯하다고 말한다.

다섯째, 작자본의(作者本意)

『겐지 모노가타리』는 오로지 인정세태를 그려 위에서부터 아래까지의 풍속과 마음가짐을 보여주는데, 호색을 통해 찬미와 풍자를 문장에 드러내지 않고 읽는 사람으로 하여금 좋고 나쁨을 판단하게 한다. 대체로는 부인을 대상으로 가르치고 일깨운다고는 하나, 이모저모로 자연스럽게 경계가 되는 점이 많다.

한두 가지 예를 들면, 기리쓰보 천황이 남녀의 애정을 중히 여겨 갱의를 지나치게 총애하셨다. 사람들의 비방도 꺼리지 않으시고 세간의 입길에 오르내릴 만큼 극진한 대우를 하시니 공경들을 비롯하여 천하의 근심거리가 되었다. 이는 제왕의 덕에 어긋나는 부끄러운 일로, 후대 천황들에게 풍자하는 바가 있지 않겠는가. 또한 사사로운 정으로 히카루겐지를 성년식을 비롯해 무엇이든 동궁에 뒤지지 않게 대우하셨는데, 이는 자칫 황위계승자를 바꾸고 싶은 것으로 비친다. 그런 마음은 진중하지 못하다 할 것이다. 고키덴 여어는 모난 성격이라 천황의 한탄을 대수롭지 않게 여기니, 황후의 덕이 어디 있는가. 이 대목을 읽는 여어, 황후 이하의 비가 자신의 습관과 마음가짐을 돌아보지 않는다면 역시 나쁜 황후라는 오명을 뒤집어쓰게 될 것이다.

다음으로 「하하키기」권의 여성 품평회는 전체가 여인에 대한 훈

계이다. 그러므로 모든 여인들에게 반드시 읽게 하고 싶다. 노키바노오기(軒端荻)가 우쓰세미와 규방에서 바둑을 둘 때의 얇은 옷차림, 볼썽사납게 잠든 모습은 분명히 경계가 될 것이다. 우쓰세미가 구애에 응하지 않고 관계를 끝내기로 결심한 것은 대단한 정조로, 무라사키시키부가 지향하는 바이다.

다음으로 유가오가 자신이 쓰던 부채에 정취 있게 적어준 와카는 호색적인 면이 다분하다. 그런데 너무나도 유약하고 얌전하여【유가오의 본성】심지가 굳거나 진중한 면이 떨어지는 탓에 결국 죽고 말았다. 이 대목을 읽은 여인은 불성실한 사람에게 속아 넘어가는 일을 조심하게 될 것이다. 히카루겐지가 마음 가는 대로 행동했다가 여인을 죽게 하고 자신도 제방 둔치에서 낙마하는 고통을 겪은 것은 귀공자의 은밀한 행동을 경계한다. 고레미쓰가 이런 길로 인도한 죄는 더욱 크다. 곁에서 모시는 자는 잘 생각해야 한다. 이하의 권들도 주의해서 읽으면 등장인물의 행적과 정태가 거울에 비친 듯하다.

바람직한 일이든 그렇지 않은 일이든 빠짐없이 세상의 경계가 되고자 함이 작자의 본뜻이니, 헛되이 지은 것은 아니리라. 그중에서도 히카루겐지와 후지쓰보의 밀통으로 태어난 황자가 훗날 천황의 지위에 오른 일, 즉 히카루겐지가 집정하게 된 일은 참으로 조정 관료들이 이를 거울삼아야 할 정도로 재상 이하 신하들의 간담을 서

늘하게 한다.【이에 대해서는 뒤에서 다시 논한다】 그렇지만 옛 이야기이
므로 말한들 죄가 되지 않고 읽는 사람은 절로 되돌아보게 되니 경
계가 된다. 풀솜으로 목을 맨다는 속담처럼 아주 조금씩 천천히 책
하는 것이다.

「호타루」권에 이르길, "어떤 사람에 대해 비록 있는 그대로 서술
하는 것은 아니지만 좋은 점이든 나쁜 점이든 이 세상을 살아가는
사람들의 모습 중에 보고만 있을 수 없고 듣고 흘려버릴 수 없는 일
들, 후대까지 전하고 싶은 일들을 마음속에 담아두기 어려워 쓰기
시작한 것이 모노가타리지요.…"

이 대목은 옛날 가나로 쓴 이야기책에 대해 논한 것 같지만 결국
무라사키시키부의 취지로 보인다. 따라서 모노가타리를 모두 허구
【이는 틀림없는 사실이다】라고만 치부할 수는 없다. 모두 이 세상에 있
는 사람에 대해 서술하며 권선징악을 담고 있다. 이 본뜻을 모르면
서 음란함을 가르치는 책이라고 보는 무리는 견식이 좁은 것이다.
또한 읽으면서 문장과 말만 즐기는 사람은 칼날의 날카로움과 둔함
을 말하지 않고 그저 칼집의 장식만을 논하는 것과 같다. 무릇 전편
에 담긴 문장으로 보나 경계의 뜻으로 보나 꽃과 열매를 모두 갖춘
와카의 서책이니, 가도의 완벽한 경서라 하는 것도 과언은 아니리
라.

여섯째, 일부대사(一部大事)

레이제이 천황의 일에 대해, 혹자는 지어낸 이야기이므로 야단스럽게 논할 일은 아니라고 한다. 혹자는 특별한 사정이 있다며 이를 자꾸 감추려고만 한다. 혹자는 이 내용이 마음에 들지 않아 모노가타리 전체를 보고 싶지 않다는 무리들도 있다. 모두 무라사키시키부의 본의를 모르고 하는 말들이다. 내가 지금 생각하는 바를 써서 식자들의 의견을 기다릴 것이다.

「기리쓰보」권에 이르길, "천황께서 항상 불러 곁에 두려 하시니 겐지 님은 편하게 사가에서 지낼 수도 없으셨다. 마음속으로 오로지 후지쓰보 중궁의 모습을 이 세상에 비할 데 없는 분이라 생각하며 이런 분이야말로 부인으로 삼고 싶다, 더할 나위 없이 훌륭하다고 생각하셨다.···"

이와 같이 복선을 깔고 그 후 밀통하는 장면을 그린다. 「와카무라사키」권에서 회임한 사실을 알고, 「모미지노가」권에서 황자가 태어나며, 「아오이」권에서 동궁으로 책봉된다. 「미오쓰쿠시」권에서 천황으로 즉위하니, 이가 곧 레이제이 천황이다. 또한 「우스구모」권에서 승려가 넌지시 주상하여 천황은 히카루겐지의 아들이라는 사실을 비로소 알게 되었다. 누구에게 물어볼 수도 없어 친히 옛 전례를 찾아보며 연구하고 여러 서적을 살펴보시니, 중국에는 드러나 있든 그렇지 않든 간에 황통이 어지럽혀진 예가 매우 많았다. 일본에는 결코 그런 예를 찾을 수 없었다.【기뻐할 일이다】설령 있다 해도【불경스러운 일이다】마땅히 감췄을 터이니 어찌 전해질 수 있었겠는가.…

「와카나 하」권에서 가시와기 우위문독과 온나산노미야의 밀통을 히카루겐지가 알고 온갖 생각에 잠기는 대목에 이르길, "옛날에도 천황의 비와 밀통하는 예는 있었으나 그것은 역시 별개이다. 궁에 출사하여 남자든 여자든 같은 분을 가까이서 모시다 보면 자칫 연정을 나누게 되어 잘못을 범할 수 있으리라. 여어나 갱의 같은 높은 신분의 분이라도 성숙하지 못한 사람이 있고 개중에는 사려 깊다고 할 수 없는 사람도 있기에 생각지 못한 일이 있을 수도 있다. 그래도 확실히 잘못을 들키지 않는 한 그대로 궁 생활을 계속해야 할 터이므로 당장 드러나지 않는 잘못도 있을 것이다.【두려워할 일이다】천황이라 불리는 분이 상대라 해도 그저 얌전하게 모신다는 마음에서 시작한 궁중 생활이 무료해진 나머지 상냥하게 말을 걸어오는 남자들의 호소에 흔들리기도 한다. 서로 마음을 주고받다 보면 그냥 지나칠 수 없는 때에 답장도 하게 되어 자연히 친밀해지기 시작할 것이다.【가시와기와 온나산노미야의 밀통에 대해】그렇다고 표정에 드러낼 수도 없다고 괴로운 생각에 잠기셨다. 돌아가신 선황도 지금 자기처럼 내심 그 일을 알면서도 모른 척하셨던 것일까 생각하니, 그때

일이 너무 두렵고 엄청난 잘못이었다는 생각이 드셨다.'【히카루겐지
가 후회하는 마음이 작자의 본뜻이다】

생각건대, 이 필치를 살펴보면 옛날 일이든 혹은 최근의 일이든
무라사키시키부가 보고들은 것에 느끼는 바가 있어 쓴 것이리라.
주의 깊게 반복되는 그 의미가 결코 얕지 않으니 읽는 이는 쉽사리
간과해서는 안 된다.『이세 모노가타리』에 나오는 니조 황후【아리와
라노 나리히라 중장과 정을 통하였다】,『고센와카슈』의 교고쿠미야스도
코로【모토요시 친왕(元良親王)과 정을 통하였다】,『에이가 모노가타리』의
가잔 여어(花山女御)【후지와라노 사네스케(藤原實資) 공과 정을 통하였다.
사네스케는 레이케이덴(麗景殿)·조코덴(承香殿) 여어와도 정을 통하였다】,
이 분들은 마음가짐이 진중하지 못하여 사사로이 정을 통하였다.
그러나 다행히도 일본에서는 그런 예를 볼 수 없었다고 쓰여 있으
니 기뻐할 일이다. 만약 황통에 일대(一代)라도 아리와라씨나 후지
와라씨가 섞였다면 나라의 근심거리가 되어, 동해 바다에 빠진 노
중련(魯仲連)【『사기』「평원군전(平原君傳)」】[207] 같은 이가 생겼으리라. 후

---

207 전국 시대 제(齊)나라 사람. 진(秦)이 조(趙)를 포위하고 위(魏)의 신원연(新垣衍)을 평원군에
게 보내어 진을 추대하여 황제를 삼고자 하니, 노중련이 그 말을 듣고 신원연을 찾아가 포
악한 진나라를 추대하면 차라리 동해 바다에 빠져 죽을지언정 진나라 백성이 되지 않겠다
(連有踏東海而死耳)고 하면서 조나라의 평원군을 설득하였다. 신원연이 의논을 중지시키
자, 진나라 장수는 그 소문을 듣고 퇴각하였고 마침 위나라의 지원병이 와서 조나라는 포위
를 면하였다. 노중련은 진시황을 끝내 황제라 부르지 않고 동해에 빠져 죽었다고 한다.

지쓰보 중궁이 히카루겐지와 밀통하여 레이제이 천황을 낳은 것은 실로 있어서는 안 될 잘못이다. 히카루겐지는 호색의 죄가 중하다고는 해도 그렇게까지 황통을 어지럽힌 것은 아니다. 기리쓰보 천황의 틀림없는 아들이고 손자이며, 진무 천황(神武天皇)의 혈통이기 때문이다. 마땅히 이세 신궁에 제사를 모시고 천하의 백성에 정치를 베풀 수 있다. 그럼에도 불구하고 레이제이 천황에게 후사를 두지 않고 스자쿠 천황의 후손이 황위를 잇도록 한 것은 매우 엄중한 필치가 아닌가. 무릇 한 번 인륜이 혼란스러운 것과 영원히 황통이 혼란스러운 것 중 어느 쪽이 무겁고 어느 쪽이 가벼운가. 판단을 내리기는 어려우나, 신하의 입장에서는 히카루겐지의 죄를 모른 척하여 황통이 어지럽혀지지 않음이 기쁘다. 무라사키시키부의 진의를 헤아려야 한다. 그토록 주의 깊은 무라사키시키부가 당시 궁중에서도 널리 보는 모노가타리에 조심성 없이 썼겠는가. 이 지어낸 이야기에 담긴 풍유에 주의를 기울이셔서 어떻게든 황통의 혼란을 미리 막으셔야 한다. 자칫 잘못하면 불미스러운 일이 있을 수 있었다. 예의 니조 황후 등의 밀통을 생각하면 불경스럽지 아니한가. 앞에서 인용한 히카루겐지의 상념은 모두 무라사키시키부의 마음으로, 사사로운 밀통에 대해 적나라하게 보여주는 것이다. 신하는 역시 가오루 대장의 출생이 어지러움을 보고 유념해야 한다.

중국에는 혈통이 어지럽혀진 예가 많이 있다. 『사기』에 진(秦)의

시황(始皇)은 실은 여불위【문신후(文信侯)】의 자식이라 하고, 초(楚)의
유왕(幽王)은 황헐(黃歇)【춘신군(春申君)】의 자식이라고 쓰여 있다. 이
에 대해 호치당(胡致堂)[208]이 『독사관견(讀史管見)』에 논하길, "옛날 나
라를 차지하고 일족을 거느린 자는 첩을 사더라도 반드시 어진 규
수를 택하였다. 오랑캐는 예의염치가 없음에도 부인의 장기를 씻어
후사를 바르게 하였다. 집안이 문란해짐을 싫어하였기 때문이다.[209]
하물며 제후는 어떻겠는가. 자초(子楚)가 색을 좋아하여 비를 들일
때 그 연유를 의심하지 않았다가 결국 거상 여불위로 하여금 반심
을 샀다.[210] 그로부터 천하를 얻은 자는 여씨(呂氏)였다. 이에 이르러
백예(伯翳)로부터 이어져온 종묘가 단절되었다.⋯" 나대경(羅大經)[211]

208 송나라 때의 학자 호인(胡寅)을 말한다. 자는 명중(明仲), 호는 치당(致堂), 시호는 문충(文
    忠)이다. 저서로 『독사관견』, 『논어상설(論語詳說)』, 『비연집(斐然集)』 13권 등을 남겼다.
209 『한서』에 의하면 오랑캐는 맏아들을 죽이니 장을 깨끗이 하여 후사를 바로잡기 위한 것
    이라 한다. 주에 따르면 부인이 처음 시집 왔을 때 낳은 아들이 혹 다른 성일까 그렇게 하는
    것이라 한다.
210 전국 시대 영씨(瀛氏) 성을 하사받은 진(秦)나라는 수십 대를 내려왔다. 진나라 소왕(昭王)
    의 손자 중 한 사람이었던 자초(子楚)가 전쟁 통에 포로가 되는 바람에 조나라에서 인질생
    활을 하게 되었는데, 이 왕자에게 투자한 사람이 당대의 거상 여불위였다. 여불위는 자신의
    첩을 자초가 마음에 들어 하자 그의 품에 안겨주었고, 그 첩에게서 태어난 아이가 훗날 진
    시황이 된 정(政)이다. 자초는 여불위의 막대한 돈의 힘으로 본국으로 돌아와 장양왕이 되
    었다. 그러나 장양왕은 왕이 된지 3년이 못 되어 죽고, 정이 왕위에 올랐다. 진시황은 장성
    해가며 태후와 여불위의 과거사와 반역을 의심하였고, 결국 여불위는 자결하였다.
211 남송 시대의 시인이자 비평가. 자는 경륜(景綸). 저서로는 필기(筆記)인 『학림옥로』 16권
    이 있다. 피폐한 정치를 질책하고 인물을 평가하며 시문을 평론함에 독보적인 견해가 있으
    며, 언어는 간단하면서도 의미는 풍부하다.

도 『학림옥로(鶴林玉露)』에 논하길, "진나라가 여섯 나라를 호시탐탐 엿보며 잠식해갔는데, 여섯 나라가 아직 망하지 않고 진나라가 먼저 망할 줄은 몰랐다. 여하튼 시황이 여불위의 자식이라면, 즉 영씨(瀛氏)는 여씨 때문에 망한 것이다. 사마씨가 왕후를 속이고 태자를 빼앗았다. 위(魏)나라가 망한 지 얼마 지나지 않아 진(晉)나라가 망할 줄은 몰랐다. 여하튼 원제(元帝)가 우금(牛金)의 아들이라면,[212] 즉 사마씨는 우씨 때문에 망한 것이다.…" 이는 다른 나라 일인데도 기분이 언짢다. 하물며 우리 조정은 황신(皇神)의 명을 받은 이래 만세일계로 결코 어지럽혀진 적이 없다. 만일 후대에 어어나 갱의 중 사려 깊지 못한 자가 있어 천황가의 혈통을 어지럽히는 일이 생긴다면 어찌 하겠는가. 그렇게 넌지시 생각하게 하는 풍유를 보면, 무라사키시키부는 여인이면서도 뛰어난 성정과 학문을 겸비하니 그 식견이 대유학자에 견줄 만하다. 또한 가오루 대장의 출생은 인과응보의 이치를 보여준다는 점에서 나대경의 필치와 같다. 이 사건은 작

---

212 동진(東晉)의 초대 황제인 원제(元帝) 사마예(司馬睿)는 삼국 시대 위나라의 명장이자 권신이었던 사마의(司馬懿)의 증손이며, 사마근(司馬覲)의 아들이다. 사마씨는 위나라의 정권을 장악하여 265년에 이르면 사마의의 손자 사마염(司馬炎)이 낙양에서 국호를 진(晉)으로 바꾸고 제위에 오른다. 역사상 서진(西晉)으로 불리는 진나라는 팔왕(八王)의 난이라는 내분으로 52년 만에 멸망하였다. 사마예는 서진의 먼 황족인 낭야왕씨(琅邪王氏) 출신이다. 낭야왕 사마근의 부인 하후광희(夏侯光姬)에게는 총애하는 남자 우금(牛金)이 있었는데, 왕후가 낳은 외아들 사마예가 우금의 자식이라는 의혹이 있어 이른바 '우계마후(牛繼馬後)'라 하였다. 하지만 서진의 멸망 후 강남에 동진이 세워졌을 때 사마씨는 진나라의 정통성을 이어받았다고 천명하였고 사마예는 황제로 추대되었다.

품 전체의 중대사로, 여기에 작자의 의도가 담겨 있다.

혹자가 묻기를, 그토록 진중하고 부드럽게 써내려간 모노가타리를 이치를 따져 논하는 것은 무라사키시키부의 본의에 과연 합치하겠는가.

답하기를, 여성 품평회 대목에 "어찌 여자라 하여 세상에 일어나는 일을 공적이든 사적이든 전혀 모른 척 있을 수 있으랴. 일부러 배우고 익히지 않아도 조금이라도 재기가 있다면 눈과 귀에 들어오는 일이 많을 것이다." 일기에는 "무릇 사람은 온화하고 느긋하고 차분함을 기본으로 삼아야 품위도 풍정도 훌륭하고 걱정 없다"라고 쓰여 있다. 또한 이 모노가타리에 히카루겐지와 후지쓰보 중궁의 밀통을 초반에는 우아하게 그려놓고 후반에는 실로 두렵고 있어서는 안 되는 잘못이었다고 변명하는 모습을 보라. 이 밖에도 작품 속 인물들의 부덕을 표현한 것이라든지 일기에 아카조메에몬, 세이쇼나곤, 이즈미시키부 등 여러 사람에 대해 평한 대목을 통해 무라사키시키부의 마음을 헤아려보라. 점잖고 교양 있는 여인이다. 그런 마음으로 쓰인 모노가타리를 오로지 우미하고 부드럽게 써내려간 것이라고 본다면, 그것은 무라사키시키부를 모르고 모노가타리의 본의를 찾지 않은 채 그저 아름다운 문장에만 끌린 것이다. 본의는 매우 교훈적이지만 그 표현이 차분하고 부드럽고 정취 있고 우미한 것은 여인의 필치인데다 글재주도 뛰어났기 때문이다. 자쿠렌(寂蓮)

이 그 무서운 멧돼지도 와카에서 '마른 풀에 누운 멧돼지'[213]라고 하면 정취 있다고 한 말도 생각해야 한다. 대대로 선인들이 와카를 읊는 법을 가르치기를, 뜻은 분명히 하고 말의 연결은 우아해야 한다고 한다. 따라서 앞에서도 말했듯이 이 모노가타리는 가도의 경서로 와카를 읊는 자들이 가문의 보배로 삼아야 할 것이다.

이렇게 말하자 혹자는 또 수긍한다.

일곱째, 정전설오(正傳說誤)

『우지 다이나곤 모노가타리』에 이르길, 에치젠의 장관 후지와라노 다메토키가 『겐지 모노가타리』를 지었다고 한다. 상세한 것은 여식에게 쓰게 하였다고 한다. 황후【조토몬인】가 이 이야기를 들으시고 그 여식을 부르셨다. 『겐지 모노가타리』를 지은 연유에 대해 이것저것 말씀 올렸다. 궁을 나온 후 지었다고도 한다. 어느 쪽이 사실일까.

『무묘쇼(無名抄)』에 이르길, 대재원【무라카미 천황의 열 번째 황녀. 센시 내친왕】께서 조토몬인에게 무료함을 달랠 만한 모노가타리가 없

---

213 '후스이노도코(臥す猪の床)'는 멧돼지가 잠자리를 위해 마른 풀을 모아놓은 것을 말하는데, 와카에서는 멧돼지를 나타내는 표현으로 쓰인다.

는가 물으셨다. 조토몬인이 무라사키시키부를 불러 무엇을 바쳐야 할까 하문하셨다. 이에 뭐 진귀한 것이 있겠냐며 새로 지어 올리시라고 답하였다. 그러면 직접 쓰라고 말씀하신 것을 받잡아 『겐지 모노가타리』를 지었다고 한다. 그것이야말로 매우 훌륭하다고 하는 사람이 있다. 혹은 아직 궁에 출사도 하지 않고 사가에서 지낼 때 그러한 모노가타리를 지었기에 입궐하였고, 후에 무라사키시키부라는 이름이 붙었다고 한다. 어느 쪽이 사실일까.

생각건대, 이 모노가타리를 지은 사정에 대한 확실한 설은 옛날부터 없었다. 사람들이 제멋대로 말한 이러저러한 설이 전해 내려오니 어느 쪽이 맞느냐고 적혀 있다. 내 소견으로는 어느 것도 맞지 않고 다 거짓이다. 우선 큰 틀은 다메토키가 쓰고 상세한 내용은 여식에게 쓰게 했다는 설은 문장의 연결을 전혀 모르는 무식한 자의 말이다. 각 권에 그려진 심정을 살펴보면 남자로서는 생각도 할 수 없는 것이 많다. 극히 부녀자의 취향인데다 말의 연결이 한 사람의 붓끝에서 나온 것이 아니라면 써내려갈 수 없는 문장이다. 작품 전체를 꼼꼼하게 읽는 자는 누구라도 이 설에 휘둘리지 않을 것이다. 하물며 앞서 적은 재덕겸비와 칠사공구를 생각건대 부친의 힘을 빌리지 않더라도 이 모노가타리는 분명 힘들이지 않고 완성했을 것이다. 또한 조호, 간코 무렵 다메토키는 이미 세상을 떠났음을 알아야 한다. 또한 『무라사키시키부 일기』는 본래 부친의 힘을 빌리지 않은데다 붓 가는 대로 쓴 것이지만, 그 필력이 이 모노가타리에 뒤떨어지지 않는다. 일기를 자세히 보는 자는 더욱이 이 망설에 빠져서는 안 된다. 궁에 출사한 것은 연보를 적어가며 따져보아야 한다.

조호 원년(999) 11월, 후지와라노 미치나가 공의 장녀 쇼시가 입궁하여 후지쓰보(藤壺)라 불리는 전각에 거처하였다. 이때 나이 열두 살로, 그녀가 바로 조토몬인이다. 조호 2년(1000) 3월, 쇼시는 중궁에 책봉되었다. 조호 3년(1001), 무라사키시키부의 남편 후지와라노 노부타카가 세상을 떠났다【좌위문권좌(左衛門權佐). 조호 3년 4월 25일. 일기에 그 내용이 보인다】. 조호 4년, 조호 5년, 간코 원년【조호 6년이다】, 간코 2년, 간코 3년.

생각건대, 무라사키시키부가 처음 출사하여 중궁을 모신 것은 이 간코 2년, 3년 무렵일 것이다. 아래에 인용하는 일기의 문장을 고려해야 한다.

간코 4년(1007), 중궁【쇼시 20세】이 그해 여름에 무라사키시키부에게 『백씨문집』의 「악부」를 배우셨다. 그와 관련해서는 앞에 서술하였다. 간코 5년(1008) 9월【11일】 중궁【21세】이 출산하셨다.【고이치조 천황의 탄생이다】

『무라사키시키부 일기』 그해 7월 기사에 이르길, "중궁 가까이에서 모시는 뇨보들이 하릴없는 이야기를 나누는 것을 들으시면서 분명 괴로우실 터인데【회임】, 아무렇지도 않게 감추시는 모습이 새삼 칭송할 것은 아니지만 괴로운 이 세상의 위안거리로는 이러한 분을 찾아서라도 모셔야 했다고, 평소의 가라앉은 기분과는 전혀 달리 이러저러한 울적함을 잊는 것도 생각해보면 신기하다.…"

생각건대, 이 문장을 잘 살펴보면 노부타카가 죽고 무라사키시키부가 과부가 된 후, 출사하여 중궁을 처음 모셨으나 대부분은 사가에 머물렀으며 때때로 입궐하여 사가에서의 울적한 마음을 달래고자 다음과 같이 술회한 것으로 보인다.

9월 11일 출산 당일 기사에 이르길, "다이나곤(大納言) 님, 쇼노쇼쇼(小少將) 님, 미야노나이시(宮の内侍) 님, 벤노나이시(弁の内侍) 님, 나카쓰카사(中務) 님, 다이후노묘부(大輔命婦) 님, 미치나가 집안의 센지(宣旨) 뇨보인 다이시키부(大式部) 님. 이들 모두 오랫동안 중궁을 모신 분들로, 걱정스러운 나머지 애달파 하는 모습은 당연하다. 나는 이제 막 모시기 시작한 정도인데도 비할 데 없이 큰일이라고 마음속으로 생각하였다.…"

생각건대, 이제 막 모시기 시작했다는 것은 무라사키시키부가 신참이기 때문이다.

12월 29일 기사에 이르길, "섣달 스무아흐레 날에 입궐하였다. 처음 입궐한 것도 오늘 밤과 같은 섣달 스무아흐레였다. 정말이지 꿈속을 헤매는 것 같은 기분이었던 것이 떠올랐다. 이제 중궁을 모시는 데 익숙해지니 편치 않은 신세인가 싶다.…"

생각건대, 첫 출사 때를 떠올리는 문장에서도 신참 무렵의 일을 알 수 있다. 그러므로 모노가타리와 일기를 보고 무라사키시키부의 성정과 그 상황을 헤아려야 한다. 예를 들면 대재원이 새로운 모노가타리를 소망했을 때, 중궁이 무라사키시키부를 불러 무엇을 올려야 하는지 하문하셨다. 신참인 무라사키시키부가 아는 체 하며 새로운 것이 어디 있겠냐며 새로 지어 바치시라 답하였다. 이윽고 자신이 그 임무를 맡아 이 모노가타리를 지은 것인가. 이는 한일자조차 모른 체하는 무라사키시키부의 매우 겸손한 기질을 모르는 자가 전한 헛말이다. 부친 후지와라노 다메토키는 일찍 타계하고 남편 후지와라노 노부타카도 세상을 떠났다. 출사도 하지 않고 과부로 사가에서 지내는 동안 무료함에 그 모노가타리를 지은 것을 들은 중궁의 부름을 받았다. 그 후에 무라사키시키부라는 이름도 붙여진 것이다.

『가카이쇼』에 이르길, "니시노미야 좌대신이 안나(安和) 2년(969) 대재부의 장관으로 좌천당하셨다. 도시키부는 어렸을 때부터 친분이 있어 안타깝게 여겨졌는데, 마침 대재원께서 조토몬인에게 새로운 읽을거리가 없느냐고 하문하셨다. 『우쓰호 모노가타리』나 『다케토리 모노가타리』 같은 것은 이미 익숙하기에 새로 지어 바치라는 말씀이 무라사키시키부에게 내려졌다. 무라사키시키부는 이시야마데라에서 밤을 지새우며 기원을 드렸다. 때마침 팔월 보름달이 호수에 비쳐 마음이 명징해지자 모노가타리의 풍정이 절로 떠올랐다. 잊어버리기 전에 적어놓아야지 하는 마음에 불전에 있던 『대반야바라밀다경』이 적힌 종이를 본존불에게 청하여 「스마」와 「아카시」 두 권을 쓰기 시작한 것이다. 이에 「스마」권에 '오늘이 보름날 밤이로구나 하는 생각이 드셨다'라 쓰여 있다는 것이다. 후에 죄장을 참회하기 위해 『대반야바라밀다경』 전체 600권을 써 봉납하니, 지금도 그 절에 있다.…"

생각건대, 『가카이쇼』는 무척 훌륭한 분의 저작인데, 이렇게 여러 근거 없는 망설을 적어 놓은 것이 심히 의심스럽다. 훌륭한 사람이 썼다고 하면 보는 자 누구나 이를 신뢰한다. 반면 나 같은 자가 말하는 것은 백에 하나 이치에 맞아도 무시하는 것 같다. 허나 생각하는 바를 말하지 않으면 참을 수 없으니 붓 가는 대로 썼다. 미나모토노 노리마사(源範政)【이마가와(今川) 씨】가 쓴 『겐지 모노가타리 데이요(源氏物語提要)』[214]에도 니시노미야 님이 좌천당했을 무렵은 무라사키시키부가 아직 어렸거나 혹은 태어나기 전의 일일지도 모른다고 한다. 레이제이 천황 치세의 안나 2년(969)부터 간코 원년(1004)까지는 36년간이다. 무라사키시키부의 일기와 대조하여 생각건대,

---

214　남북조 시대에서 무로마치 시대 전기에 걸쳐 무장으로 활약하면서 와카에도 재능을 보인 이마가와 노리마사(今川範政)가 1432년에 저술한 주석서이다. 발단에 『겐지 모노가타리』 성립 사정에 대해 센시 내친왕 헌상설이, 그 뒤에는 각 권에 대한 개요가 실려 있다.

안나 연간(968~970)에 무라사키시키부가 태어났다 하더라도 아직 강보에 싸인 아기였을 것이다. 어릴 때부터 니시노미야 님과 친분이 있다 함은 연도를 제대로 헤아리지 못한 자들의 헛말이다.

이시야마데라를 참배하고 머문 일은 대해서는 내대신 쇼묘인도 언급하는데, 팔월 보름날 밤 이시야마데라에서 무라사키시키부가 붓을 들었던 옛일이 혹설로 전해진다고 쓰고 있다. 역시 받아들일 수 없다. 모노가타리의 풍정이 절로 떠오르니 잊어버리기 전에 쓰고자 「스마」, 「아카시」 권부터 쓰기 시작했다는 것은 무라사키시키부의 마음속 생각이다. 어찌 그 일을 후대 사람이 알 수 있겠는가, 실소를 금할 수 없다. 「기리쓰보」 권부터 차례로 써내려갔다고 보아야 하리라. 나 자신도 젊었을 적에는 『가카이쇼』의 설을 믿고 무라사키시키부가 직접 썼다는 『대반야바라밀다경』이 보고 싶어 이시야마데라에 머무르며 평소 알고 지내던 스님에게 물었다. 그랬더니 바로 거짓이라 하였다. 또한 '겐지의 방'이라 이름 붙여 무라사키시키부의 초상화를 그려놓고 그 당시의 서안과 벼루 등을 두었는데, 어느 시대 누구의 취향으로 그리 해 놓았는가.

또 이르길, "차례로 써내려가 54권으로 만들어 바치니 권대납언 미나모토노 유키나리 경에게 정서하게 하시어 대재원에게 바치게 하셨다. 호조지 관백이 권말에, '이 모노가타리를 세간에서는 모두 무라사키시키부가 지은 것이라고만 생각한다. 노 비구가 가필한 부분이 있다.…'라고 쓰셨다."

생각건대, 쇼테쓰(正徹)[215]도 이 설을 믿고 무라사키시키부가 쓴 것에 후지와라 가문의 미도 관백이 가필하셨다고 썼다. 『사이류쇼(細流抄)』에는 이 권말에 쓴 것을 그다지 신뢰할 수는 없어도 있을 수 있는 일이리라고 적혀 있다. 내 소견으로는 있을 수 있는 일이 아니라 틀림없는 망설이라 해야 할 것 같다. 왜냐하면 위에 실은 내용 모두 받아들이기 어렵기 때문이다. 이 권말에 적어놓은 것도 이에 준해 헤아려야 한다. 미치나가 공이 권말에 글을 더하신 것은 아직 관백 님이라 불릴 무렵의 일이니 '노 비구'라는 말은 어울리지 않는다. 또한 간닌 2년(1018)에 미치나가 공【54세】이 불도에 귀의하여 호조지에 칩거하신 후의 일이다. 비록 재원께서 조토몬인에게 무라사키시키부가 몇 해 전에 지은 『겐지 모노가타리』 전편을 올리라 하셨다고 해도, 뉴도 님이 지금은 오로지 수행에 일심전념하는 처지에 이렇게 터무니없이 오만한 내용을 권말에 쓰셨을 리 없다. 이 권말에 쓰인 글이 무라사키시키부의 재능을 폄훼하고 자만하는 듯한 내용이니, 이는 뉴도 님을 위해서도 좋지 않다. 식견이 없는 자들이 이 모

---

215 무로마치 시대 임제종의 선승. 쇼테쓰는 법명으로, 자는 세이간(清巖), 호는 쇼게쓰안(招月庵)이라 하였다. 가인으로 유명할 뿐 아니라 고전학자로도 뛰어나 쇼군 아시카가 요시마사에게 『겐지 모노가타리』를 진강하기도 하였다. 『잇테키슈(一滴集)』(1440)라는 주석서 및 레이제이 가문에 전하는 사본을 교합하여 서사한 『쇼테쓰본 겐지 모노가타리(正徹本源氏物語)』가 있다.

노가타리가 믿을 수 없을 정도로 뛰어난 것에 놀라 지어낸 말이다. 그 누구를 위해서도 도움이 되지 않음을 알아야 한다.

『사이류쇼』에 이르길, "무릇 일본의 국사는 『일본삼대실록』에 고코 천황 닌나 2년(886) 8월까지의 일을 기록하였다. 그 후의 국사는 이 모노가타리에 적혀 있다. 다이고 천황 때부터 쓴 의도는 고대의 『일본기』에 이어 쓰려는 것이다. 뛰어나게 큰 재주로 인함이라.…"

생각건대, 허구로 지어낸 모노가타리에 어울리지 않는 과장된 견해이다. 이는 『에이가 모노가타리』 등의 평에는 부합할지도 모르겠다. 이 견해는 받아들이기 어렵다.

또 이르길, "작자의 본뜻은 사람들을 인의오상의 길로 이끌고, 종국에는 중도실상의 신묘한 이치를 깨닫게 하여 출가의 선업을 성취하게 하는 것이다."

생각건대, 이 또한 과장된 칭송이다. 이 외에도 여러 주석서가 혹자는 장자의 우언에 기반한다고 하고, 혹자는 『사기』나 『좌전』을 본떴다고 한다. 또 천태교에 경도된 이는 천태 60권을 본떠 사제(四諦)의 법문과 결부시켰다고 한다. 이처럼 유불의 각 유파가 멋대로 이치를 끌어다 해석하여 무라사키시키부의 본뜻과는 다르게 왜곡하였다. 54권 속에는 절로 유불의 도리에도 부합하고 중국이나 우리나라의 고사와 결부되는 것도 많지만, 그 본뜻은 유불의 도를 밝히고자 함이 아니다. 실록을 이으려는 것도 아니니 그 뜻을 이해하고 강구해야 하리라.

『호부쓰슈(寶物集)』에 헛된 말을 경계하며 설하길, "비근한 예로 무라사키시키부는 거짓으로『겐지 모노가타리』를 지은 죄에 의해 지옥에 떨어졌다. 괴로움을 견디기 어려우니 빨리『겐지 모노가타리』를 찢어버리고, 하루에『법화경』전부를 옮겨 써서 나를 애도해 달라며 사람들 꿈에 나타났다고 한다. 서로 와카를 읊고 하루만에 『법화경』전부를 옮겨 적어 공양한 일을 기억해야 할진대,…"

생각건대, 이는 꿈속의 망상이므로 이러니저러니 논하는 것은 헛된 일이다. 하지만『신초쿠센와카슈』「석교부(釋敎部)」를 보면 "무라사키시키부를 위해서라며『법화경』서사를 하는 곳에「약초유품(藥草喩品)」을 보낸 권대납언 후지와라노 무네이에(藤原宗家)[216]가 읊은 '불법의 비에 내 몸 젖어드는구나 지치풀의 두터운 인연으로'라는 와카가 실려 있다. 하루만에『법화경』을 서사하여 공양을 할 때 읊은 불도를 권하는 노래로 보인다. 또한 법회에서의 표백문(表白文)도 그 무렵에 만들어진 것인가. 덧없는 꿈을 실제로 생각하는 사람이 있어 무라사키시키부의 풍유와 교훈과 경계를 담은 모노가타리가 오히려 허언의 죄로 몰리다니 실로 한탄스러운 일이다. 학식이 얇은 자는 이에 헤맬 수밖에 없다. 무릇 여러 주석서에 각각의 설과 억

---

216 후지와라노 데이카의 동복 누나인 하치조인 아제치(八條院按察)의 남편이다.

측이 있는데, 그저 이렇다 할 한두 가지만을 들고 다른 설을 늘어놓을 뿐이다. 『우지 다이나곤 모노가타리』는 옛 책인데도 그조차 터무니없는 설을 전하고 있으니 후대의 설은 오죽하겠는가. 받아들이기 어려운 것이 많다. 마땅히 모노가타리로 그 성정을 헤아리고 일기를 통해 그 사실관계를 고찰하면 오류가 적지 않겠는가.

참고문헌

樋口芳麻呂・久保木哲夫 校注・譯,『松浦宮物語・無名草子』, 新編日本古典文學
　　全集40, 小學館, 1999.

島內景二・小林正明・鈴木健一 編,『批評集成 源氏物語 1　近世前期篇』, ゆまに
　　書房, 1999.

有川武彦 校訂,『源氏物語湖月抄 上・中・下』, 講談社, 1982.

宮崎莊平 全譯注,『紫式部日記 上・下』, 講談社, 2002.

伊井春樹 編,『源氏物語 注釋書・享受史事典』, 東京堂出版, 2001.

林田孝和・原岡文子 他 編,『源氏物語事典』, 大和書房, 2002.

모들아카데미 05

모노가타리는 어떻게 읽혔을까

등록 1994.7.1 제1-1071
1쇄 발행 2017년 6월 10일

지은이 기타무라 기긴 외
옮긴이 김병숙 배관문 이미령
펴낸이 박길수
편집인 소경희
편 집 조영준
관 리 위현정
디자인 이주향
펴낸곳 도서출판 모시는사람들
        03147 서울시 종로구 삼일대로 457(경운동 88번지) 수운회관 1207호
전 화 02-735-7173, 02-737-7173 / 팩스 02-730-7173
홈페이지 http://www.mosinsaram.com/

인 쇄 상지사P&B(031-955-3636)
배 본 문화유통북스(031-937-6100)

값은 뒤표지에 있습니다.
ISBN 979-11-86502-86-0   94160
SET   978-89-97472-52-9   94160

이 도서의 국립중앙도서관 출판예정도서목록(CIP)은 서지정보유통지원시스템 홈페이
지(http://seoji.nl.go.kr)와 국가자료공동목록시스템(http://www.nl.go.kr/kolisnet)에서
이용하실 수 있습니다. (CIP제어번호: 2017013055)